SOUVENIRS

A L'USAGE

DES

HABITANS DE DOUAI,

OU NOTES POUR

Faire suite à l'ouvrage de M. Plouvain,

SUR

L'HISTOIRE DE CETTE VILLE,

Depuis le 1er janvier 1822 jusqu'au 30 novembre 1842.

DOUAI,

IMPRIMERIE DE D. CERET-CARPENTIER,

Rue des Chapelets, 5.

1843.

AVANT-PROPOS.

C'est aux habitans de Donai que s'adresse ce recueil, et l'éditeur se flatte qu'il obtiendra leur assentiment, autant par le degré d'utilité qu'il présente, que par l'exactitude qui a présidé à sa rédaction.

A l'avantage d'offrir une grande variété dans les faits, de frapper l'imagination par des rapprochemens et des contrastes cet ouvrage joint encore celui d'intéresser toutes les familles. Il embrasse notre cité dans tous ses rapports. Une foule d'actions généreuses, des vertus sublimes, les progrès des lettres et des beaux-arts, l'hygiène publique, les aperçus sur l'état de l'agriculture et du commerce, les fêtes et les cérémonies religieuses, les événemens politiques et militaires, des procédures célèbres, les phénomènes physiques, rien n'a échappé aux recherches de l'auteur. Il nous montre en raccourci, ce que la ville de Donai offre de plus intéressant et de plus digne de fixer l'attention pendant cette période de vingt ans que nous avons vue s'écoulant si prodigieusement rapide dans le monde. Enfin, l'auteur présente les *Souvenirs à l'usage des habitans de Douai*, comme une indication de matériaux préparés pour ceux qui voudraient un jour écrire l'histoire de notre cité, comme faisant disparaître une lacune qui existe dans nos annales depuis l'œuvre modeste de M. le conseiller Plouvain. « Il suffit, a dit un personnage distingué de notre ville, il suffit de feuilleter ce répertoire, pour se former une idée du trésor qu'il renferme, et pour reconnaître à quel point il peut satisfaire la curiosité des habitans de l'arrondissement de Douai, servir de guide dans les conversations, et seconder même le savant et l'administrateur dans leurs recherches. »

SOUVENIRS

A L'USAGE DES HABITANS DE DOUAI,

OU NOTES

POUR FAIRE SUITE A L'OUVRAGE DE M. PLOUVAIN,

SUR

L'HISTOIRE DE CETTE VILLE.

1822.

2 Janvier. — Complot des *Chevaliers de la Liberté* à Belfort : *Brue, Pégulu, Desbordes* et *Delacombe*, ex-officiers, déjà conspirateurs en 1820, sont arrêtés par les ordres du chevalier Toutain, lieutenant de roi, au moment où ils fuyaient de la ville. Le lieutenant de roi allant ensuite de sa personne arrêter au faubourg de France, un sous-officier du 29ᵉ régiment, désigné comme chef de complot, rencontrait dans ce faubourg un groupe, qu'il somma de se dissiper, lorsqu'un militaire d'une haute stature, qui en faisait partie, lui tira un coup de pistolet presque à bout portant sur la poitrine. L'effet de ce coup fut heureusement amorti par la croix de Saint-Louis, dont il était décoré. Quoique blessé et perdant son sang, M. Toutain poursuivit, l'épée à la main, son assassin, qui réussit néanmoins à s'évader. Nous avons connu M. Toutain, lequel habita quelque temps la ville de Douai, après la révolution de 1830.

8. — M. Duplaquet, sous-préfet de Douai, dans une lettre circulaire aux maires de l'arrondissement, spécifie les objets de police confiés à la vigilance et à l'autorité des corps municipaux ; savoir : sur les *procès a intenter*, sur les *procès à soutenir*, sur la police *des cafés, estaminets, cabarets* et autres lieux, sur les

soin de prévenir le fléau redoutable des incendies par les précautions convenables.

9. — Le comte de Murat, ancien sous-préfet de l'arrondissement de Chatillon (Côte-d'Or), depuis préfet de l'Aveyron (8 juillet 1818), préfet des Côtes-du-Nord (19 juillet 1820), fut nommé préfet de notre département.

11. — Recrutement de l'armée, classe de 1821 : dans cette catégorie furent compris les jeunes gens nés depuis le 11 nivose an IX, jusque et compris le 10 nivose an X (1er janvier 1801 au 31 décembre inclusivement). Le contingent à fournir par l'arrondissement de Douai fut arrêté de la manière suivante :

Douai (Nord), ... 19.
Douai (Ouest), ... 18.
Douai (Sud), ... 20.

21. — Service funèbre et anniversaire, destiné à honorer la mémoire de Louis XVI, célébré en l'église *Saint-Pierre*. Ce jour, la façade de l'Hôtel-de-Ville fut tendue de draperies noires revêtues d'écussons fleurdelisés.

23. — Incendie à Lallaing : trois maisons contiguës furent consumées. L'une d'elles, celle du sieur François *Williate*, dit *Choquette*, était assurée par la compagnie spéciale dite de *Saint-Louis*. Après avoir fait constater par experts l'importance de la perte, le directeur de cette compagnie et le sous-directeur pour l'arrondissement de Douai, M. Deloffre fils, remirent immédiatement à la disposition de l'assuré une somme de 3,000 fr. — Les deux malheureux propriétaires voisins, qui n'avaient pas eu la sage précaution de se faire assurer, réclamèrent la pitié des ames charitables.

2 *février*. — La *Feuille de Douai* annonça la première livraison de l'ouvrage de M. le conseiller Plouvain, intitulé : *Souvenirs à l'usage des habitans de Douai*, ou *notes* pour servir à l'histoire de cette ville.

13. — Par ordonnance du roi, M. Lelen, ci-devant avoué au tribunal de première instance de Douai, fut nommé avoué près la cour royale, en remplacement de M. Tison, démissionnaire.

16. — Incendie à Corbehem ; en peu d'instans toute la ferme du sieur Guislain Lemaire fut consumée. Toutes les étables, écuries, granges où se trouvait quantité de blés, les chariots et instrumens aratoires furent dévorés par les flammes. M. Treca, maire de la commune de Corbehem fit un appel à la commisération publique.

24. — Un cadavre fut retiré de la Scarpe ; c'était celui d'un cabaretier de Douai, qui avait disparu de son domicile dans la nuit du 16 au 17 de ce mois ; il fut transporté chez lui, rue St.-Albin.

27. — La troupe d'artistes du premier arrondissement théâtral, sous la direction de M. Dupré-Nyon, quitta Douai pour se rendre à Cambrai, et de là à Valenciennes.

5 mars. — M. Josson, nommé par ordonnance du roi du 20 février, président du tribunal de première instance séant à Douai, fut installé dans ses fonctions.

13. — Par ordonnance du roi, M. Noirot (Louis-François-Joseph), fut nommé avoué au tribunal nal de première instance de Douai, en remplacement de M. Leleu, démissionnaire.

13. — M. Amaury de La Grange, de Douai, fut appelé au poste de directeur de la Fonderie de cette ville, en remplacement de M. Gauche, qui passa en la même qualité à Toulouse.

16. — Le tribunal correctionnel séant à Douai condamne à deux ans de prison et à 100 fr. d'amende un tailleur de cette ville, pour avoir écrit une lettre de menaces d'assassinat contre Eléonore Vilette, servante en la même ville. Ce jugement fut confirmé par arrêt de la cour royale.

— Dans la nuit du 17 au 18 dudit mois, un incendie éclata dans la commune de Féchain, canton d'Arleux. Plusieurs maisons et une grange devinrent la proie des flammes. Ce sinistre, comme tant d'autres de l'époque, fut attribué à la malveillance.

26. — Par arrêté du ministre des finances, M. Capon, notaire à Douai, fut nommé, conformément à l'ordonnance du roi du 30 juin 1814, l'un des notaires

certificateurs chargés de délivrer des certificats de vie aux rentiers viagers et pensionnaires de l'état, en remplacement de M. Proyart, décédé.

4 avril.—Par ordonnance du garde-des-sceaux, ministre de la justice, M. de Gouves de Nuncques, conseiller à la Cour royale, fut nommé président de la Cour d'assises du département du Nord, pour le troisième trimestre de 1822.

8. — La famille de l'infortuné Lesurque, dont la pétition avait été accueillie par les deux Chambres, reçut une somme de trois mille francs. En transmettant à la dame Lesurque l'annonce de cette décision, M. le baron Capelle, exprima le regret qu'éprouvait le ministre de ne pouvoir faire davantage pour elle en ce moment. « Mais il faut espérer, ajoutait-il, que la juste sollicitude qu'inspire le déplorable événement dont votre mari fut victime, avisera par d'autres voies à une réparation plus conforme à ses malheurs. » L'affaire de l'infortuné Lesurque occupa singulièrement, à cette époque, à la tribune française, M. le comte de Valence qui avait commencé les démarches nécessaires pour obtenir la révision du procès de Lesurque. M. le marquis de Laly Lallendal s'en occupa encore depuis.

9. — Lettre de la commission administrative des hospices et secours à domicile de la ville de Douai, à M. Carpentier, éditeur de la *Feuille de Douai*, par laquelle ces Messieurs affirment que la location du terrain du *Raquet* est provisoirement suspendue, et que le conseil d'administration avait désigné dans son sein une commission, qu'il avait spécialement chargée de lui présenter un projet qui pût concilier les intérêts des établissemens de bienfaisance avec le respect dû à la cendre des morts. Cette lettre avait pour objet de répondre à une autre fort longue et fort sage, d'un anonyme, insérée dans la *Feuille de Douai*, au sujet du cimetière dit le *Raquet*, qu'il s'agissait de rendre à la culture. Elle était souscrite par MM. Mellez, Remy de Rombauit, Desfontaines d'Azincourt et Martin.

10. — Par arrêté de M. Becquet de Mégille, maire de Douai, le prix de la première qualité de bœuf, mouton et veau, fut fixé à 45 centimes la livre (9 sous);

la seconde qualité de bœuf, mouton et veau, et la première qualité de vache furent taxées à 35 centimes la livre (7 sous).

10. — Par ordonnance du roi, le sieur Jean-Baptiste Valentin fut nommé notaire royal à la résidence de Douai, en remplacement du sieur Augustin Proyart, décédé.

11. — Le lieutenant-général marquis de Jumilhac, commandant la 16e division militaire, vint inspecter la garnison de Douai. Des émissaires avaient alors cherché, par de coupables manœuvres, à agiter quelques régimens. Le général Jumilhac, en visitant toutes les places du Nord, fut convaincu que ces manœuvres avaient échoué partout.

28. — M. de Murat, préfet du département du Nord, fit sa première entrée à Douai par la porte de Paris. MM. le sous-préfet, le maire, ses adjoints et le commissaire de police allèrent à sa rencontre jusqu'à la barrière.

28. — Par ordonnance du roi, M. le chevalier Dupont fut appelé aux fonctions de président de chambre de la Cour royale de Douai, en remplacement de feu M. Dubois. — M. Dupont était, à cette époque, le premier des conseillers de notre Cour.

7 mai. — Les communes de Coutiches, Cappelle, Auchy, Orchies, Pont-à-Raches, Bersée, Château-l'Abbaye, Antoing, Maulde, Le Rosult, Hauterive, St.-Amand, Thun, Lecelles, Nivelles, Flines, Hergnies, etc., furent maltraitées par une grêle d'une grosseur extraordinaire. Des grelons de deux à trois pouces de diamètre causèrent des pertes considérables. L'un de ces grelons perça le soufflet d'une voiture de voyageur.

19. — Au second Théâtre-Français, représentation de la tragédie d'*Attila*, de M. Bis, de Douai.

19 juin. — M. Houzé fut nommé notaire à la résidence d'Arleux, en remplacement de M. Demaïn, démissionnaire.

22 juillet. — Le ministre de la maison du roi fit à

M. Bra, notre compatriote, *la commande* en marbre de sa belle statue *d'Ulisse*, dont on avait vu le modèle à l'exposition de Paris, cette année.

30. — M. Flory, né à Valenciennes, et depuis 1820 curé à Hommes, arrondissement de Lille, fut nommé curé-doyen de la paroisse Notre-Dame, à Douai.

12 *août*. — Le lieutenant-général comte Molitor vint à Douai pour y inspecter le 31e régiment d'infanterie de ligne.

19 *août*. — Arrivée à Douai des statues d'*Aristodème*, de notre illustre *Jean de Bologne*, que la ville de Douai doit à la munificence de Louis XVIII, et que les arts doivent à l'habile ciseau de notre compatriote, M. Bra.

22 *août*. — M. le curé-doyen de Notre-Dame procéda à la bénédiction de deux cloches de son église. La première fut nommée AMÉLIE par M. Becquet de Megille, maire de la ville de Douai, et Mme Amélie Simon-Demaibelle, veuve de M. Dubois, président à la Cour royale ; la deuxième reçut le nom d'AIMÉE par M. d'Haubersart, premier avocat-général à la même Cour, et par Mme Aimée Bougenier, épouse de M. le conseiller Evrard.

AMÉLIE a été fondue à Pontoise en 1818, par Morlet ; AIMÉE le fut en 1822 au faubourg de Paris-lez-Douai, par Dormais et Garçons, fondeurs lorains. — La cloche de cette église, nommée EUGÉNIE-CHARLOTTE, le 13 août 1806, était cassée et fut livrée en paiement d'AIMÉE ; AMÉLIE fut donnée par la ville à la paroisse.

16 *octobre*. — Service anniversaire célébré dans l'église de St.-Pierre pour l'infortunée princesse Marie-Antoinette d'Autriche, reine de France. Le mandement de Mgr. l'évêque de Cambrai, qui ordonnait cette solennité funèbre, contenait en outre une allocution aux électeurs pour le choix important à faire de députés fidèles à Dieu et au roi.

19. — Mourut en son château de l'Hermitage M. le duc de Croy, pair de France. Il était âgé de 57 ans seulement.

15 *novembre*. — M. Durand d'Elcourt président du

collége électoral de Douai, fut proclamé député. Son concurrent était M. Deforest de Quartdeville.

‹•◦•⊂⊃•◦•⊂⊃•◦•›

1823.

25 *janvier*. — A sept heures et demie du matin, le thermomètre fut à Douai à 13 degrés en dessous de zéro.

14 *mars*. — Le général Dumouriez meurt à Turvill-Parck (Angleterre), à l'âge de 85 ans. Il est remarquable qu'en 1807 ce général avait présagé que Bonaparte se laisserait entraîner dans une expédition trop lointaine, et qu'il reviendrait sans armée si même il n'était pas fait prisonnier. Le général Dumouriez vécut assez long-temps pour voir la campagne de Moscou et même la mort de Bonaparte.

22 *mars*. — Mort de M. le conseiller Woussen.

29. — M. l'abbé Demazure, missionnaire de la Terre-Sainte, termine ses conférences dans la salle principale de l'Hôtel-de-Ville de Douai, par un discours sur les mauvais livres. Sa mission était de recueillir dans toute l'Europe chrétienne des dons volontaires destinés à secourir les catholiques romains de la *Terre-Sainte*.

9 *avril*. — Explosion souterraine à la fosse du *chaufour*, dépendance des mines d'Anzin. Vingt mineurs trouvèrent la mort dans ces funestes catacombes.

12 *mai*. — On apprit à Douai la mort de M. l'abbé de Calonne, frère de l'ancien ministre sous Louis XVI. Emigré au Canada, aux Trois-Rivières, ce prêtre y remplissait les fonctions de chapelain d'un couvent d'Ursulines.

— La Cour royale de Douai reçut le serment de M. Obers de Quéry, maire de Wambrechies, arrondissement de Lille, à qui le roi avait permis de porter, en France, le titre de vicomte dont son père avait été décoré par le roi des Pays-Bas, en 1816.

30. — Le lieutenant-colonel Trémigny vint remplacer M. Fournier de Nacquart, dans l'école d'artillerie de Douai.

17 *août*. — M. Alexandre d'Haubersart, pair de France, mourut à Douai à l'âge de 91 ans.

4 *septembre*. — Mandement de Mgr. l'évêque de Cambrai, qui ordonne des prières publiques à l'occasion du décès de Sa Sainteté Pie VII, et de l'élection de son successeur.

2 *décembre*. — Assassinat de M. Ratel, curé d'Aniche.

1824.

5 *janvier* — Cour d'assises, 1er trimestre de 1824. — Président, M. Enlart de Guémy, conseiller à la cour royale ; MM. Plouvain, Dubrulle, Delepouve, ses collègues, siégèrent comme juges dans cette session.

11. — M. le baron de Warenghien, ancien président de la Cour royale de Douai, mourut à l'âge de 82 ans.

12. — Le sieur Fleurquin père, marchand à Douai, partit de chez lui pour aller chercher son fils, qui était à Ostricourt. Arrivé à Auby, il venait de passer la planche dite du *Courant*, fossé latéral à la Deûle, quand il fit une chute qui lui fracassa le nez et occasionna un contre-coup qui fit rejaillir le sang par la bouche, les yeux et les oreilles. Après de longs et vains efforts pour se relever, Fleurquin roula dans le courant, où il fut asphyxié. Ce jour, 12 janvier, il faisait un verglas très-prononcé.

14. — M. le préfet du Nord rend publique la liste arrêtée par M. le recteur de l'Académie de Douai, des instituteurs primaires du département qui ont obtenu des récompenses en 1823. Dans cette liste se remarquent les noms de MM. Bassée et Nouveau, tous deux instituteurs à Douai.

16. — Mandement de Mgr. l'évêque de Cambrai, qui ordonne des prières publiques pour l'élection générale des députés du royaume.

27 — M. Durand d'Elcourt est réélu député par le collége de l'arrondissement électoral de Douai.

25 *février*. — Par ordonnance du roi en date de ce jour, S. M. autorise le maire de la ville de Douai à acquérir, au nom de ladite ville, trois maisons sises rue

des Chapelets, moyennant la somme de 10,700 fr.,
pour, après leur démolition, augmenter les dépendan-
ces de l'établissement des frères de la doctrine chrétienne.

3 *mars.* — Mort de M. Gaspard-Joseph-François
Leboucq, ancien conseiller au parlement de Flandre.

19. — Les cadavres des nommés Michelet et Decon-
ninck, artilleurs, furent recueillis dans les fortifications
et conduits à l'Hôtel-Dieu au milieu d'un peuple nombreux, avide de contempler les restes inanimés de ces
deux militaires victimes du faux point d'honneur.

— Souscription au secrétariat de la mairie, pour
l'érection d'un monument à la mémoire du général
Pichegru.

29. — Concert du jeune Rombert.

21 *avril.* — M. Waymel, conseiller à la Cour royale,
préside les assises du 2e trimestre de 1824; ce président
est assisté de ses collègues MM. Taffin, Courtin, Baumal
et de M. Quenson, conseiller-auditeur, lesquels siégent comme juges en ladite Cour.

5 *mai.* — Ordonnance du roi qui autorise le maire
de Douai à acquérir au nom de la ville, du sieur Han-
necart Debriffœuil, moyennant la somme de 7,758 fr.,
montant de l'estimation, une portion de jardin conti-
guë à la salle de Spectacles, pour isoler ladite salle,
faciliter ses débouchés et construire un magasin pour
ses décorations.

9 *juin.* — Une grêle épouvantable vint ravager plusieurs communes de l'arrondissement. Les récoltes des
villages de Courchelettes, Estrées, Marcq, Marquette,
Wavrechin furent considérablement endommagées;
celles de la commune de Férin entièrement détruites.
De tous les infortunés frappés par ce fléau terrible, un
petit particulier avait *seul* fait assurer sa récolte, estimée 1,200 fr.

16. — Trois ordonnances du roi, relatives au département du Nord.

La première autorise la fabrique de l'église de Saint-
Jacques, à Douai, à accepter: 1° le legs d'une rente de

36 fr. faite par le sieur Delval-Lagache ; 2° la donation d'une pareille rente de 36 francs, faite par le sieur Donat-Onésime Delval. — La deuxième autorise ladite fabrique à accepter le legs à elle fait par la dame Hélène Lagache, veuve Delval, de deux pièces de terre contenant 1 hectare 2 ares 62 centiares. — La troisième autorise la fabrique de Montigny, commune du canton sud de Douai, à accepter le legs à elle fait par ladite dame Lagache, veuve Delval, de 36 ares 91 centiares de terre.

17. — Arrêté de M. le maire de Douai, qui fixe la fête anniversaire de cette ville au 11 juillet.

24. — L'Académie royale des sciences décerne à M. Sébastien Bottin, ancien secrétaire de la préfecture du Nord, le prix fondé par M. le comte de Monthyon. L'ouvrage couronné est une collection de faits industriels, commerciaux et agricoles, qui se rapportent à tous les départemens de la France.

— Dans la soirée du 26 au 27 dudit mois, le gaz hydrogène, dit *feu grisou*, fit explosion dans une mine au charbon d'Anzin, appelée fosse du *chauffour*. Cinq des vingt ouvriers qui se trouvaient alors dans cette mine, furent plus ou moins asphyxiés. Le nommé Stiévenart, quoique porteur d'une lanterne à la Davy, succomba. Ce malheureux, père de cinq enfans, avait eu le bonheur d'échapper à l'événement du 9 avril 1823.

6 *juillet*. — Don du conseil municipal à l'église St.-Pierre, de deux superbes statues représentant *St.-Pierre* et *St.-Paul*. Ces ouvrages ont été exécutés par M. Bra.

11 *juillet*. — M. Durand d'Elcourt, député, obtient de la bienfaisance du roi des secours pour les habitans des communes de Lambres, Courchelettes et Férin, qui avaient souffert des ravages de la grêle.

17 et 20 *août*. — La Cour royale, en ses audiences, admet, sur la présentation de Mes Martin et Roty, à l'exercice de la profession d'avocat MM. Dumon et Grimbert, tous deux licenciés en droit de la faculté de Paris.

— M. le maire de la ville de Douai remet à M. Manoury, ancien capitaine dans les armées royales de l'intérieur, une arme de récompense décernée à ce militaire par le roi.

27. — Le roi accorde la décoration de l'ordre royal de la Légion-d'honneur à M. Marescaille de Courcelles, président de chambre à la Cour royale de Douai.

— La Cour royale, en ses audiences des 23 et 24 août, admet à l'exercice de la profession d'avocat, sur la présentation de Mes Martin et Leroy de Falvy, MM. Lagarde, Tailliar, Desrousseaux, tous trois licenciés de la faculté de Paris.

29. — A une parade qui eut lieu à Douai, M. Amaury de La Grange, natif de cette ville, chef de bataillon, directeur de la fonderie, M. Mailrot, capitaine en premier à l'arsenal, et M. L'homme, capitaine du 6e escadron du train d'artillerie, furent reçus chevaliers de l'ordre royal et militaire de St.-Louis, et prêtèrent serment en cette qualité entre les mains de M. le maréchal de camp Filhol, baron de Camas.

7 septembre. — La première représentation de la tragédie des Machabées, de M. Guiraud, eut lieu ce jour sur le théâtre de Douai. Mlle Georges y remplit le rôle de Salomé, mère des Machabées, M. Eric-Bernard celui d'Antiochus, roi de Syrie.

— La Cour royale, en son audience de ce jour, admet à l'exercice de la profession d'avocat, Me Pierre Dufont, licencié de la faculté de Paris.

16. — Une dame tenant un café à Douai, se précipita volontairement dans la rivière. Son corps fut retrouvé quelques heures après son immersion, et fut déposé chez elle.

17. — On apprit à Douai la mort du roi Louis XVIII. Un arrêté du préfet du Nord, du même jour, ordonna la fermeture des spectacles et des autres lieux de fêtes publiques dans tout le département du Nord.

18. — L'épouse d'un cafetier de Valenciennes, que son mari avait expulsée, vint à Douai, où elle se précipita spontanément dans la Scarpe. Son cadavre fut retiré de la rivière à Courchelettes.

1er *octobre.* — Service funèbre, à St.-Pierre, pour le repos de l'âme du feu roi Louis XVIII, en présence des autorités judiciaires, civiles et militaires et des membres de l'instruction publique.

15. — En son audience dudit jour, la Cour royale de Douai admet à la profession d'avocat MM. Dorlencourt, Lenglet, Mastrick et Nepveur.

16. — Conformément aux intentions de S. M. Charles X, un service solennel en expiation de la mort de la reine Marie Antoinette, fut célébré ce jour, à onze heures du matin, dans l'église de St.-Pierre.

21. — Souscription ouverte à Douai pour le monument des victimes de Quiberon.

28. — Pour rendre hommage à la mémoire de S. M. Louis XVIII, les amateurs de musique de Douai exécutèrent cedit jour, à l'église Notre-Dame, la messe des morts de Chérubini.

30. — Installation de M. l'abbé Vinay, nommé proviseur du collége royal de Douai, en remplacement de M. Polonceau.

19 *décembre.* — Mourut à 82 ans, à Douai, où il était né, M. Antoine-Joseph Becquet, ancien curé du département du Pas-de-Calais. Il était le dernier membre de la Société de Jésus qui existât en cette ville. Le 14 août 1765, le Parlement de Flandre lui avait alloué une pension de 200 fr. comme écolier non engagé dans les ordres sacrés.

30. — La société centrale d'agriculture, sciences et arts de cette ville fit le renouvellement de ses fonctionnaires comme il suit : Président, M. Tarangel ; vice-président, M. Ducellier ; secrétaire-général, M. Preux ; secrétaire-adjoint, M. Frémont.

1825.

1er *janvier.* — Le contingent à fournir par l'arrondissement de Douai, dans la répartition des 60,000 hommes sur la classe de 1824 pour le recrutement de l'armée, fut fixé à 172 hommes, dont voici la répartition entre les cantons , et proportionnellement à leur population :

Arleux. . . .	24	hommes.
Douai (nord). . .	28	
Douai (ouest). . .	27	
Douai (sud). . .	30	
Marchiennes. . .	31	
Orchies. . . .	32	

4. — Par arrêt de la Cour d'assises, en date du 6 novembre 1824 , maintenu par la Cour de cassation le 2 décembre suivant , Jean-Baptiste Lebrun , ancien militaire, convaincu d'incendie volontaire de deux maisons, situées à la petite forêt de Raismes, fut condamné à la peine de mort. Cet arrêt fut mis à exécution sur la place d'Armes de Douai, le 4 janvier précité , à onze heures du matin.

6. — Sur la demande du conseil municipal, un exemplaire du buste de Charles X, que venait d'exécuter M. Bra, fut envoyé par cet artiste à sa ville natale. — Un journal de l'époque (le *Drapeau Blanc*), parla en ces termes du moderne Jean de Bologne :

« Nous avons eu souvent occasion de parler du talent distingué de M. Bra, sculpteur avantageusement connu par sa belle statue d'*Aristodème* et par la statue en pied de S. A. R. M. le dauphin. Un buste de S. M. Charles X est le dernier ouvrage de ce jeune artiste, auquel S. M. avait daigné accorder plusieurs séances pendant qu'il y travaillait. Cet encouragement flatteur a été couronné du plus heureux succès. Le buste du roi est de la plus parfaite ressemblance. Ce buste vient d'être placé dans la salle des séances de MM. les députés sur le piédestal où était celui de S. M. Louis XVIII. »

— La Cour royale , en ses audiences des 26 et 27 janvier, admet à l'exercice de la profession d'avocat MM. François Dupont , né à Lille , et Alexandre Duval fils, né à Aire.

7 *février*. — Renouvellement des administrateurs des hospices et des membres des conseils de charité pour l'exercice 1825. M. Remy de Rombault, sortant par ancienneté du conseil des hospices fut rappelé aux

mêmes fonctions; M. Déprès-Allard , sorti par le sort du conseil de charité, fut remplacé par M. l'vocat-général Maurice.

10. — Une troupe composée d'artistes des premier et second théâtres français et de plusieurs élèves de l'école royale de déclamation, sous la direction de MM. Sabatier et Bocage, fit son début sur notre théâtre par le *Tartufe* et les *Étourdis*.

12. — Adjudication de la pêche dans les rivières de la Scarpe et de l'Escaut, à la sous-préfecture de Douai.

24 *mars*. — Mort de M. Caullet, peintre-professeur à l'Académie de Douai pendant cinquante ans. On compte parmi les élèves qu'il a formés MM. Boilly père, Desbordes, Hilaire Le Dru et feu Pennequin. Citer ces noms , c'est assez faire l'éloge du maître. M. Caullet peignait l'histoire et le portrait avec succès. Ses ouvrages sont très nombreux. Parmi les principaux on citait autrefois les treize tableaux représentant la passion de Jésus-Christ, qui décoraient l'Abbaye d'Anchin. Les amateurs vont encore admirer dans l'église de Courtray son beau St.-Jérôme et sa descente de croix. Ath, Ypres et d'autres villes des Pays-Bas possèdent aussi quelques tableaux de cet artiste. M. Caullet réussissait dans la peinture des décorations : notre salle de Spectacles lui a dû ses plus beaux décors, entre autres la chambre rustique , à laquelle les amateurs ont souvent payé un juste tribut d'éloges. Lorsque M. Cicéri vint décorer cette salle, il trouva le plafond que M. Caullet avait peint, exécuté avec tant de talent qu'il ne voulut point y retoucher. Nous devons enregistrer ici que ce fut chez M. Caullet , en sa maison rue du Vieux-Gouvernement, que logea le sous-lieutenant Bonaparte, lorsque le régiment de la Fère-artillerie , vint tenir garnison à Douai.

9 *avril*. — Le sieur Hocquet, demeurant à Lille et précédemment en Belgique, où il se livrait à l'instruction publique, fut trouvé noyé tout habillé dans la rivière de la Scarpe qui traverse la ville de Douai , et déposé à la Morgue.

9 *avril*. — Mort de M. Etienne Carpentier, grand-

doyen-curé de la paroissse St-Pierre, à Donai. Il était âgé de 65 ans.

23. — M. l'abbé Payen, censeur des études au collége royal de Douai et prédicateur très distingué, fut nommé proviseur du collége de Tournon (Ardèche.)

1er *mai*. — M. Deforest de Quartdeville, premier président de la Cour royale de Douai, reçut l'invitation de se rendre à Reims le 29 du même mois, pour assister au couronnement du roi Charles X.

M. de Faulx, colonel de la garde nationale de la ville de Douai (où siége une Cour royale), reçut une semblable invitation.

22. — Par ordonnance du roi, le baron Boullenger, premier avocat-général près la Cour royale de Rouen, fut nommé procureur-général près la Cour royale de Douai, en remplacement du baron Blanquart de Bailleuil, admis à la retraite et nommé premier président honoraire. Une autre ordonnance nomma M. Boullenger chevalier de la Légion d'Honneur.

29. — Conformément au programme arrêté par M. le maire de Douai, à l'occasion de la cérémonie du sacre de Charles X, une distribution extraordinaire de secours fut faite aux indigens.

21 *août*. — Les amateurs de musique de Douai réunis aux élèves de l'Académie, donnèrent un concert au profit des *incendiés de Salins*. Quatre dames distinguées de notre ville payèrent en cette occasion la dette du talent en s'associant à la société musicale. L'image d'une ville dévorée par les flammes avait mis dans leur cœur un besoin impérieux de soulager les nombreuses victimes d'un si affreux désartre, et en bravant la répugnance de paraître en public, elles prouvèrent que l'harmonie, qui fut la mère de la civilisation, est encore de nos jours la consolatrice du malheur.

23. — Distribution des médailles aux artistes et manufacturiers qui avaient le plus embelli de leurs talents et de leur industrie notre salon d'exposition. Voici les noms des auteurs dont les ouvrages furent distingués par le jury :

Beaux-Arts.

Bosio, premier sculpteur du roi, à Paris, hors de concours à cause de la supériorité de son talent.

Bra, également mis hors de concours comme ayant déjà obtenu une medaille d'or de l'administration municipale.

Lemire jeune, professeur à l'école royale polytechnique, avait fait don à la ville d'un tableau représentant *la mort d'Annibal*. La ville, par reconnaissance, lui décerna une médaille d'or de 300 fr.

Médaille d'Or.

Le général baron Lejeune, le prince A. X., et Vigneron, peintres à Paris.

Médailles d'Argent.

Ansiau, Beaume, Besselièvre, Berré, Bessa, Bourgeois du Castelet, Bouchot et Colin, peintres à Paris; Caron, graveur à Paris; Cels, peintre à Tournay; Delassus, peintre à Paris; Ducorron, peintre à Ath; Mlle Dhervilly, Duplat, peintres à Paris; Deutesh, peintre à La Flèche; Duval Le Camus, peintre à Paris; Genod, peintre à Lyon; Gernercy père, Guindrand, Mme Hersent, Lecarpentier, Mme Lemire, Mlle Lafond (Aurore), Mœnch, Mansion, Marlet, Norblin, Pérignon, peintres à Paris; Richard, peintre à Lyon; Remond, peintre à Rome; Ricois, Mme Rouillard, Rioult, Swebach, peintres à Paris; Verbouckoven, peintre à Gand; Nauspandonck, Valflard, peintres à Paris; Mme Watteville, peintre à Lille.

Médailles de Bronze.

Crignier, Courtin, peintres à Paris; Charpentier, peintre à Besançon; Féréol, Goureau, peintres à Paris; Gelée, graveur à Paris; Hilaire-Ledru, peintre de Douai; Mlle Jaser, Pau de Saint-Martin, Pinchon, Pernot, Mme Royanez de Valcourt, peintres à Paris; de Renchicourt, peintre à Renchicourt; Roqueplan, peintre à Paris.

INDUSTRIE.

Médailles d'Argent.

Dablaing, Black fils et compagnie, fabricans de tulle

à Douai ; Desvigné, peintre-doreur sur verre et cristal à Paris ; Dubus-Bonnel, négociant à Lille ; Mme Lamothe et veuve Seynave, fabricans à Wazemmes-lez-Lille ; Lepet-Desuède, fondeur à Douai ; Ternaux et fils, fabricans à Paris ; Vauchelet fils, fabricant de velours peints à Paris.

Médailles de Bronze.

Béghin-Lepet, ébéniste à Donai ; Fromont-Riquier, ébéniste à Lille ; Bourguignon, bijoutier à Paris ; Desmons, maréchal à Millonfosse ; Wagner, facteur de pianos à Arras ; Gorilliot, libraire à Arras.

Cette distribution fut suivie de celle des prix accordés aux élèves des différentes écoles municipales. M. Becquet de Mégille, dans une allocution paternelle aux jeunes élèves, envers lesquels sa bienveillante sollicitude ne se démentit jamais, annonça que par gage d'attachement pour les enfans de ses concitoyens, il déposait aux archives de la mairie un acte contenant fondation par lui d'une médaille d'argent réservée chaque année à l'élève qui, dans les écoles municipales, se distinguerait le plus par sa sagesse et ses progrès.

— INAUGURATION D'UN MONUMENT A DENAIN. — Près de la route de Douai à Valenciennes, sur le territoire du village d'Aulchin, le voyageur remarquait naguères une pyramide destinée à perpétuer le souvenir de la victoire remportée à Denain, le 24 juillet 1712, par le maréchal de Villars, sur les armées de l'empire et des Provinces-Unies ; on y lisait :

« Regardez dans Denain l'audacieux Villars
» Disputant le tonnerre à l'aigle des Césars. »

Ce monument, mutilé en 1793 par les troupes allemandes, avait été réparé en 1804 par les soins de M. Dieudonné, préfet du Nord ; mais en 1825, à l'époque où nous sommes parvenus, la pyramide avait disparu du sol Flamand pour faire place à un obélisque. Deux inscriptions, d'un style plus administratif que lapidaire des Romains, furent substituées à celle si monumentale, si laconique et si vraie, que l'on vient de

transcrire sur la page précédente. Voici ces deux inscriptions, où, chose étrange, l'on n'a omis que le nom
du vainqueur :

« LUDOVICO MAGNO REGNANTE.

» OB HOSTES DEBELLATOS APUD VICUM DENAIN XXIV JUL. MDCC XII

» REGNUM QUE SERVATUM

» HOC MONUMENTUM POSUIT

» SENAC DE MEILHAN HANNONIÆ PRŒF. ANNO MDCCLXXXVII. »

La seconde inscription porte ce qui suit :

« LUDOVICO DECIMO OCTAVO REGNANTE

» PRIMUM AB HOSTIBUS DIRUTUM

» MONUMENTUM

DIEUDONNÉ PROV. PRŒF. ANNO MDCCCIV

» RURSUS QUE COLLAPSUM

» DE MURAT EJUSD. PROV. PRŒF. ANNO MDCCCXXIII

» INSTAURARE CURAVERUNT. »

La pyramide de Denain a été érigée en 1787, par SENAC DE MEILHAN, *intendant du Hainaut, à la gloire du héros qui battit l'ennemi et sauva la France, sous le règne de* LOUIS-LE-GRAND.

Mutilée en 1793 par les troupes allemandes, DIEU-DONNÉ, *préfet du Nord, la fit réparer en 1804.*

La puissance du temps et la main avide des hommes l'ayant dégradée de nouveau, cet obélisque lui a été substitué en 1823 par les soins de DE MURAT, *préfet du même département.*

11 et 12 septembre. — Mlle Duchesnois fit admirer son talent tragique sur notre scène dans les deux tragédies d'*Alzire* et de *Pierre de Portugal.*

16. — Service funèbre pour le repos de l'âme de S. M. Louis XVIII, en l'église de St.-Pierre, en présence des autorités civiles et militaires, d'un grand concours de fidèles et des troupes de la garnison.

12 octobre. — Le lieutenant de roi désirant procurer

aux habitans des campagnes l'avantage d'assister au spectacle, donna avis que les portes de la ville s'ouvriraient immédiatement après la comédie pour ceux qui demanderaient à sortir.

19. — Lettre d'un ecclésiastique au rédacteur de la *Feuille de Douai*, concernant l'avis de M. le lieutenant de roi, que l'on vient de rapporter.

3 *novembre*. — Acceptation autorisée de 4 hectares 8 ares 23 centiares, donnant un revenu de 367 fr. 37 centimes, légués par le sieur Beauchamp aux hospices de Douai.

26. — MM. les amateurs de musique de la ville de Douai, réunis aux artistes et aux élèves de l'Académie, voulant rendre les honneurs funèbres à M. Joseph Tarlier, leur confrère, décédé à Montpellier, firent célébrer un service solennel dans l'église paroissiale de Notre-Dame. Ils y exécutèrent le *Requiem* de Chérubini.

27. — Information de *commodo* et *incommodo*, sur le projet de vendre l'église de St-Vaast ou des Bénédictins, pour être démolie.

1er *octobre*. — Par une négligence impardonnable, le beau tableau de *la mort d'Annibal*, que M. Lemire avait donné à la ville de Douai et que l'on avait envoyé à l'exposition de Lille, arriva à Douai entièrement gâté. Il avait été emballé avec si peu de soins qu'il fut brisé en plus de vingt endroits. Ce tableau avait été estimé 6,000 fr.

27. — M. de Faulx fils fut nommé, par arrêté du préfet du Nord, directeur du Mont-de-Piété de Douai, en remplacement de M. Remy Delassus, décédé.

1826.

11 *janvier*. — L'exécution du nommé Guilleman, condamné à la peine de mort pour avoir homicidé volontairement sa femme, eut lieu sur la place publique de Douai en présence d'un concours immense de spectateurs.

MM. les ecclésiastiques Rigaud et Blanquart accompagnèrent le patient et remplirent avec zèle ce devoir pénible qui donne tant de lustre à la religion chrétienne.

2 février. — M. Becquet, conseiller à la Cour royale de Douai, fut admis à la retraite pour cause d'infirmités, et nommé conseiller honoraire de ladite Cour.

8. — Un événement malheureux arriva à Douai, au Polygone de cette ville, où il avait été fait, par ordre supérieur, l'épreuve d'une pièce en fer, qui créva. Par suite, deux canonniers furent tués et trois grièvement blessés. Le canon provenait des anciennes fontes de la marine.

13. — M. Rivat, directeur de la poste aux lettres de Douai, ayant donné sa démission, fut remplacé par M. Dufour fils, de cette ville, qui avait déjà rempli ces fonctions ailleurs.

19. — Mourut à Lille le lieutenant-général marquis de Jumilhac, des suites d'anciennes blessures reçues pendant la guerre. Ce brave et loyal militaire s'était concilié, par son affabilité, l'estime et l'affection des habitans du Nord.

27 mars. — Mandement de Mgr. l'évêque de Cambrai pour le Jubilé.

1er avril. — D'après le vœu émis par le conseil-général du département du Nord, et approuvé par le ministre de l'intérieur, un médecin fut chargé, dans chaque ville importante, de constater les décès, de manière à satisfaire aux dispositions de l'art. 77 du Code civil.

30. — Premières processions des trois paroisses de Douai, pour les stations du Jubilé, conformément aux dispositions arrêtées par Mgr. l'évêque de Cambrai. On y remarqua des fonctionnaires publics de tous les ordres et un grand concours de fidèles, les élèves externes et internes du collège royal, ceux des principales institutions, plusieurs pensionnats de demoiselles et de garçons, ainsi que des détachements de la garnison.

4 mai. — Par ordonnance du roi, M. Becquet de Mégille fut renommé aux fonctions de maire de la ville de Douai. D'après la même ordonnance furent réélus en qualité d'adjoints MM. Paix et Melllez de Faulx.

A peine l'ordonnance fut-elle connue, que les félicitations spontanées des Douaisiens de toutes les classes vinrent prouver de nouveau à M. Becquet combien il était aimé. M. le maire, entrant ce jour dans sa loge au spectacle, fut accueilli par une double salve de bravos dont il fut ému jusqu'aux larmes. L'air chéri : *Où peut-on être mieux* se mêla à cet accueil inattendu, qui redoubla d'intérêt et d'applaudissemens quand M. le maréchal-de-camp baron de Camas, vint embrasser publiquement M. le maire, et signala ainsi l'accord parfait qui régnait entre ces vrais amis du bien public.

9. — Plusieurs changemens furent proposés par M. le maire de Douai pour l'alignement des rues d'Equerchin, de St-Christophe, de la Magdelaine, du Bloc, de la Verte-Porte, des murs de la Fonderie, d'Arras, de la Vignette, de la place Bourbon, de la place St-Amé et le Pont-des-Pierres.

13. — Installation dans le grand conclave de l'Hôtel-de-Ville de MM. Becquet de Mégille, Paix et Mellez, que le roi avait réélus maire et adjoints de Douai. Ce jour, illumination spontanée dans plusieurs quartiers de la ville.

19. — Un arrêté de M. le maire concernant la réorganisation de la compagnie de sapeurs-pompiers contenait les dispositions suivantes :

« Cette compagnie sera composée de 121 hommes ; savoir :

Capitaine-commandant.	1
Capitaine en second.	1
Lieutenant.	1
Sous-lieutenant.	1
Sergent-major.	1
Sergens.	8
Caporaux.	16
Tambours.	2
Pompiers volontaires.	90
TOTAL.	121

» Les pompiers seront dispensés du service de la garde nationale ;

» A l'avenir, les places qui sont à la disposition de la mairie seront données de préférence aux pompiers s'ils réunissent à mérite égal les qualités voulues pour lesdites places ;

» Nul ne sera admis parmi les gardes-pompiers s'il ne remplit les conditions suivantes :

» 1° D'avoir connaisance ou la pratique des métiers qui s'exercent sur le cuir, le bois et les métaux ;

» 2° De justifier de sa probité et de ses bonnes vie et mœurs ;

» Il pourra y avoir des pompiers surnuméraires ; seront admis les jeunes gens d'honnêtes familles qui aspirent à occuper les places de pompiers qui deviendraient vacantes;

» Ces surnuméraires pourront porter l'uniforme, s'exercer aux manœuvres et prendre rang parmi les pompiers ; ils n'auront pas droit à l'exemption du service de la garde nationale. »

31. — Une mort subite vint enlever à la société M. César-Louis-François Taffin de Gœulzin. Les arts eurent beaucoup d'attraits pour M. de Gœulzin, principalement celui de la musique, qu'il cultiva et dont il fit tout son amusement. Sa maison était en quelque sorte une académie, où se réunissaient des amateurs et des artistes qui exécutèrent souvent en présence de personnes de distinction les meilleurs morceaux de musique des compositeurs français et étrangers.

4 *juin.* — Trois processsions particulières à chaque paroisse de Douai eurent lieu ce jour avec une grande solennité. La richesse des reposoirs élevés dans différens quartiers, la magnificence des ornemens sacerdotaux, le zèle des paroissiens à embellir toutes les cérémonies du culte, firent honneur aux administrateurs et aux habitans de notre cité. Parmi les reposoirs, on remarqua principalement celui de la rue St-Albin, élevé par le zèle de M. le conseiller Degouve de Nuncques.

— Ordonnance du roi qui autorise l'acceptation de la promesse de donation faite à la communauté de religieuses de Ste-Marie, de Douai, par les sieur et dame

la promesse de donation faite à la communauté de réligieuses de Ste-Marie, de Douai, par les sieur et dame de Forest d'une maison située dans ladite ville de Douai, occupée présentement par ladite communauté; d'immeubles situés dans les départemens du Nord et du Pas-de-Calais, et d'une rente perpétuelle de 275 fr., au capital de 5,500 fr.; sous la réserve de l'usufruit stipulée, et à charge de services réligieux.

21. — Par ordonnance du roi en date de ce jour M. Quenson fut nommé conseiller en la Cour royale de de Douai, en remplacement de M. Delesaulx, décédé.

4 juillet.—La croix papale et la tiare furent placées sur la tour de Saint-Pierre.

21. — Par ordonnance du roi en date de ce jour, M. Boullenger, procureur-général près la Cour royale de Douai, fut nommé aux mêmes fonctions près la Cour de Caen. M. Boullenger fut remplacé par M. Chantelauze, premier avocat-général près la Cour royale de Lyon.

3 août. — Programme des sujets de prix proposés par la Société centrale d'agriculture, sciences et arts du département du Nord séant à Douai, pour le concours de 1827. — Une médaille d'or de 200 fr. à l'auteur du meilleur mémoire sur cette question :

AGRICULTURE. — Quelles sont les branches de l'industrie manufacturière qui peuvent se rattacher avec fruit à une exploitation rurale, et quels avantages peut offrir cette réunion en un seul établissement, d'une exploitation et d'une manufacture?

ELOQUENCE. — Une médaille d'or de 200 francs à l'auteur du meilleur discours sur cette question : — Quelle influence l'étude des sciences économiques exerce-t-elle sur le patriotisme ?

12. — Une petite fille âgée de 22 mois, que sa mère venait de quitter pour aller chercher de l'eau dans le voisinage, s'approche d'une cuve à la lessive qui était placée dans la cour de la maison, se penche sur le

4

bord et se laisse tomber dans l'eau, où la jeune malheureuse trouve la mort. Il n'y avait pas encore de salle d'asile !

— Le même jour, un crime affreux vint jeter l'épouvante dans un des quartiers les plus populeux de notre ville. Le nommé Jean-Laurent Boucher, âgé de 37 ans, voiturier, natif de Lille, ancien militaire demeurant à Douai, époux en secondes noces de Robertine Bastal, âgée de 19 ans, n'était point heureux en ménage ; il avait eu souvent à se plaindre de son épouse, qui se livrait à de coupables excès, en lui faisant des morsures assez graves sur plusieurs parties du corps. Par suite Boucher s'était vu forcé de porter plainte contre son épouse, qui fut condamnée à à un emprisonnement et à une amende. Le jour que cette femme devait se constituer prisonnière, Boucher s'était rendu chez lui pour prendre divers objets dont il avait besoin ; une scène violente eut lieu entre lui et son épouse, en présence de quelques femmes. Celle-ci se précipita sur lui, un couteau à la main, dont elle venait de se servir pour collationner, et le plongea dans le bas-ventre de son mari. Des voisins, accourus aux cris de la victime, virent Boucher baigné dans son sang. Près de lui se trouvait son épouse, donnant des marques de la douleur la plus vive. Des gens de l'art furent appelés et prodiguèrent des secours au malheureux Boucher, qui éprouva des convulsions horribles. On le transporta à l'Hôtel-Dieu, où il expira à la pointe du jour. Son épouse, qui était enceinte de six mois, fut arrêtée sur le champ ; mais sur sa demande, elle ne fut conduite à la prison St-Vaast qu'à onze heures de la nuit. Malheureux époux, coupable mère !

31. — Dans la séance de la société royale d'Arras, le prix d'éloquence fut décerné à M. Lenglet fils, avocat à la Cour royale de Douai. Le sujet était le développement de cette réflexion de M. de Ségur : « Nous livrons l'esprit à l'école et le caractère au hasard. »

5 *septembre.* — Le comte de Clermont-Tonnerre, ministre de la guerre, arriva à Douai à huit heures du soir et descendit à l'hôtel du maréchal-de-camp Filhol,

baron de Camas. Le lendemain le ministre, accompagné du lieutenant-général Rottembourg et d'officiers supérieurs, visita les fortifications de la place, l'arsenal, la caserne de Marchiennes que l'on achevait de construire, et se rendit au Polygone, où eut lieu une brillante école d'artillerie. Le ministre parut très satisfait et surtout fixa son attention sur les manœuvres des batteries *dites anglaises*. Immédiatement après il se rendit à la fonderie, où l'on coula quatre bouches à feu, ensuite dans les principaux établissemens. M. Clermont-Tonnerre quitta Douai le même jour à cinq heures du soir, pour se rendre à Arras, et ne voulut point, à cause du mauvais temps, qu'on lui rendit à son départ les honneurs militaires.

— Procès-verbal de la séance du conseil royal de l'instruction publique dudit jour.

Le conseil royal de l'instruction publique arrête ce qui suit :

M. le proviseur du collége royal de Douai est autorisé :

1° A dispenser les élèves qui quittent le cours d'humanité en troisième, de l'étude de la philosophie ;

2° A faire commencer l'exemption autorisée, en faveur des élèves que leurs parens destinent à la marine ou à l'art militaire ;

3° A faire donner à ces élèves des leçons d'allemand ou d'autres langues vivantes, d'histoire et de géographie;

4° A traiter de gré à gré avec les parens pour le surcroit de dépenses que ce *cours spécial* exigera, et à fixer avec eux l'indemnité annuelle à laquelle il donnera lieu.

Etait souscrit : † D., évêque d'Hermopolis.

7 *octobre.* — MM. Desfontaine d'Azincourt, Martin fils, Hurez-Villox, de Baillencourt dit *Courcol*, sont appelés par le roi aux fonctions de membres du conseil municipal de la ville de Douai.

8. — Par ordonnance dudit jour, M. Dubois, né à Douai, sous-intendant de l'ex-cadre auxiliaire, obtint une pension de retraite de 1,500 fr. à titre d'ancienneté et pour 34 ans de services.

5 *novembre.* — Par ordonnance dudit jour, le roi nomma procureur-général près la Cour royale de Douai M. Morand de Jouffrey, conseiller à la Cour royale de Lyon, en remplacement de M. de Chantelauze, appelé aux fonctions de procureur-général près la Cour de Riom.

Par la même ordonnance, M. Le Roux de Bretagne, substitut de M. le procureur-général près la Cour royale de Douai, fut nommé conseiller en la même Cour, en remplacement de M. Dubrœucq, décédé.

12. — Par ordonnance du roi dudit jour, M. Charles-Laurent Nutly fut nommé avoué au tribunal de première instance de l'arrondissement de Douai, en remplacement de M. Botto, démissionnaire.

1er *décembre.* — La femme coupable du meurtre de son époux (v. 12 août), fut condamnée à la peine des travaux forcés à perpétuité, à une heure de carcan sur la place publique de Douai, à y être flétrie publiquement par l'application des lettres T. P. avec un fer brûlant sur l'épaule droite, et, en outre, aux frais envers l'état.

20. — M. Maximilien-Ferdinand d'Aoust, marquis de Jumelles, fut nommé membre du conseil municipal en remplacement de M. d'Agoty, décédé.

28. — DUEL. — Le nommé Brunel, caporal des grenadiers du 3e bataillon d'infanterie de ligne, en garnison à Douai, conservait depuis long-temps une haine contre le caporal Larcy, du même régiment. Brunel appela en duel le jeune Larcy; tous deux, accompagnés de témoins, se rendirent hors de la porte d'Equerchin; arrivés sur le terrain, on mit habit bas, on croisa le fer, et au moment où Brunel voulut porter un coup de tête à son adversaire, le caporal Larcy, ne s'attachant pas à la parade, arrêta Brunel d'un coup de pointe qui fut mortel. La victime n'avait que 24 ans.

1827.

10 *janvier.* — Par ordonnance royale dudit jour,

M. Fuzier fut nommé commissaire-priseur à Douai, en aemplacement de M. Deloffre, démissionnaire.

11. — Par arrêté du préfet du Nord, M. Gelez fut nommé chirurgien en chef de l'Hôtel-Dieu, en remplacement M. Deshaies, décédé.

12. — Un arrêté du préfet du Nord interdit la culture du tabac durant l'année 1827, dans toutes les communes des arrondissemens de Cambrai, Avesnes, Douai et Valenciennes. D'après cet arrêté, la culture de cette plante ne fut permise que dans un petit nombre de communes des arrondissemens de Lille, de Dunkerque et d'Hazebrouck.

16. — Arrêté de M. le maire ainsi conçu :

Art. 1.—La pieuse cérémonie destinée à honorer la mémoire de S. M. Louis XVI et de la reine Marie-Antoinette sera annoncée le 19, et le lendemain 20, par la sonnerie du beffroi.

Art. 2. — Durant ce jour de deuil, la façade de l'Hôtel-de-Ville sera tendue de noir.

Art. 3. — Les marchés publics, les boutiques et spectacle seront fermés.

17. — Par ordonnance dudit jour, le roi a définitivement autorisé la communauté religieuse de l'ancienne abbaye de Flines, ordre de Citeaux, établie à Douai, à charge de se conformer aux statuts annexés à ladite ordonnance.

7 février. — Un événement funeste eut lieu ce jour dans la matinée, à la fosse de St-Hyacinthe, ouverte à Aniche. Un foyer, qu'on avait l'habitude d'entretenir pour des causes particulières aux mines, ayant communiqué le feu aux échafaudages qui garnissaient le trou servant de descente aux ouvriers qui se rendent à leur travail, la fumée se répandit avec tant d'abondance dans l'intérieur de la mine, qu'elle asphyxia quarante-six ouvriers, occupés dans les souterrains à l'extraction de la houille. Sur ce nombre, sept jeunes gens et deux pères de famille furent retirés morts, et c'est avec beaucoup de peine et de soins qu'on eut le bonheur de rappeler les autres à la vie.

14.—La Cour royale, par sa délibération dudit jour

admet au nombre de ses huissiers-audienciers, le sieur Louis-Joseph Cuny, nommé par le roi le 31 janvier 1826, huissier pour le ressort du tribunal de première instance de Douai.

17. — La femme Boucher, condamnée aux travaux forcés à perpétuité pour avoir donné la mort à son mari, fut exposée sur la place publique de Douai et marquée des lettres T. P.

Au moment où on lui appliqua le fer brûlant sur l'épaule droite, cette malheureuse jeta la tête en arrière, laissa échapper quelques larmes et eut une faiblesse. On plaignait l'honnête et infortuné père de cette épouse dénaturée.

19. — Au commencement de cette journée, l'intensité du froid fit baisser le thermomètre à près de 10 degrés au-dessous de la glace. M. Becquet de Mégille fit un appel à la générosité de ses administrés, afin d'apporter à la classe indigente de Douai un soulagement prompt et efficace. A cet effet, des personnes bienfaisantes parcoururent la ville pour recevoir à domicile les dons des habitans.

— Un arrêté du préfet du Nord ordonna que pendant la durée de la saison rigoureuse qui s'annonçait sous de sinistres auspices, on monterait, chaque nuit, la garde dans les villages pour l'épouvante des malfaiteurs.

15 mars. — Par ordonnance du roi, M. Eudes, avocat, fut nommé avoué à la Cour royale de Douai, en remplacement de M. Charles Pitou, démissionnaire.

10 avril. — Dans la commune d'Equerchin, on enleva la grille en fer qui entourait la tombe de l'épouse d'un officier danois, qui y avait été enterrée lors de l'occupation des alliés.

17. — Arrêté du préfet du département du Nord, en date dudit jour, qui autorise le sieur Aimé Bris à établir deux barques légères sur le canal de la Haute-Deûle, destinées au transport des voyageurs et des marchandises de Lille à Douai et de Douai à Lille, partant à des heures fixes de l'une à l'autre de ces villes.

20. — D'après une circulaire de M. le préfet, sui-

vant laqnelle plusieurs voituriers pris en contravention pour défaut de plaques à leurs voitures , prétendaient ignorer l'obligation qui leur était imposée à cet égard, M. le maire de la ville de Douai rappela à ses administrés l'art. 34 du décret du 23 juin ainsi conçu :

« Tout propriétaire de voitures de roulage sera tenu de faire peindre sur une plaque de métal, en caractères apparens , son nom et son domicile. Cette plaque sera clouée en avant de la roue et au côté gauche de la voiture, et ce à peine de 25 francs d'amende. L'amende sera double si la plaque portait soit un nom , soit un domicile faux ou supposé. »

—La France perdit l'un de ses plus braves généraux dans la personne du comte Durut , mort à Ypres vers la fin dudit mois. Ce général était né à Douai le 13 juillet 1767.

11 *avril*. — M. Duhamel, ancien lieutenant-général de la gouvernance de Douai et Orchies , depuis ancien président du district de Douai, mourut à Tournay à l'âge de 67 ans.

14 *mai*. — Lettres de noblesse accordées à M. Lambert , avocat-général à la Cour royale de Douai. M. Lambert, d'après ces lettres-patentes, fut autorisé à prendre le titre d'écuyer.

29. — M. Duriez, receveur des contributions directes de l'arrondissement de Douai, fut remplacé dans ces fonctions par M. Vanmerrys, fils d'un député du département du Nord à la chambre élective.

17 *juin*. — La route qui conduit de Douai à Pont-à-Raches offrit ce jour l'aspect d'un petit Longchamp. Une forte partie de la population s'y était portée. Cette affluence de curieux était amenée par un vélocipède qui avait annoncé qu'il ferait en quarante minutes le trajet aller et revenir, de la porte Morel jusqu'à Pont-à-Raches. Cette course eut lieu en 30 minutes.

18. — Ordre du jour à la présente date :

« En exécution des ordres de M. le lieutenant-général commandant la 16e division militaire , on battra la générale demain dimanche, à sept heures et demie du matin, à l'effet de donner aux troupes de la garnison le signal de prendre les armes pour assister à la procession du Saint-Sacrement.

19.—*Procession de la Fête-Dieu.*—A neuf heures et demie le cortége, sortant de Saint-Pierre, se dirigea selon l'antique usage vers la place, par les rues Saint-Christophe et de Bellain. A la tête de la procession s'avançaient les vieillards de l'hôpital de la Charité, portant un cierge à la main. Plus de quatre cents flambeaux, portés par les membres des différentes corporations marchandes et industrielles, ayant chacune pour distinction deux torches ornées de guirlandes de fleurs, précédaient le clergé et marchaient sur deux rangs au milieu desquels se trouvaient, de distance en distance, les bannières des différentes paroisses ; une musique militaire occupait le centre de la procession : le Saint-Sacrement était suivi des autorités administratives, d'un brillant état-major et d'une foule innombrable de fidèles. Arrivé sur la place d'armes, le cortége offrit un coup-d'œil admirable en s'avançant vers un magnifique reposoir élevé par l'ordre de M. le maire. L'autel ressortait d'un décor du meilleur goût, qui donnait à la place l'aspect d'un temple. Au moment de la bénédiction, le canon des remparts annonça la présence du Dieu des armées.

La procession se remit en marche par les rues de la mairie, du Pont-à-Val, des Dominicains, par la place Saint-Amé, la petite Place, les rues du Palais et du Clocher-Saint-Pierre. Au moment de sa rentrée, le canon tonna de nouveau du haut des remparts.

8 juillet. — Fête anniversaire de l'entrée des Français à Douai.

Pendant la durée de cette fête le public fut admis dans les salons de la mairie, où les produits des arts et de l'industrie attirèrent une affluence de curieux.

11. — Par ordonnance du roi en date dudit jour, M. Cuvelle (François) fut nommé avoué à la Cour royale de Douai, en remplacement de M. Leroy (Emile), démissionnaire.

8 septembre. — Entrée de S. M. Charles X à Douai. Le maire et les adjoints, accompagnés d'une nombreuse

garde d'honneur à cheval s'étaient rendus sous l'arc-
de-triomphe qui avait été dressé entre le faubourg et la
barrière de la porte de Lille, pour y attendre le roi,
qui arriva vers deux heures de l'après-midi. S. M.
reçut les clefs de la ville des mains de M. le maire, qui
les lui présenta.

A l'instant même le canon de la place se fit entendre,
et des Douaisiens s'empressèrent de dételer les chevaux de la voiture de S. M. pour traîner eux-mêmes le
monarque, au milieu des acclamations des habitans
qui se pressaient en foule sur son passage. Le roi descendit chez Mmes Pamart, où une réunion de jeunes
demoiselles lui présenta des fleurs. Mlle Foucques, fille
de M. le lieutenant-colonel de la garde nationale,
adressa au roi un compliment. MM. Deforest de Quartdeville, premier président de la Cour royale, de Jouffrey, procureur-général; Josson, président du tribunal
civil; Becquet de Mégille, maire; Taranget, recteur
de l'Académie; le commandant de la garde nationale;
Levesque, doyen de Saint-Jacques, complimentèrent
successivement le roi.

Charles X sortit ensuite de son palais dans une calèche découverte, escorté par la garde d'honneur à
cheval, qu'il admit avec la garde nationale à pied à
faire le service près de sa personne, tant à l'intérieur
qu'à l'extérieur du palais, et se dirigea vers le Polygone, où il assista à une école d'artillerie. De là le roi
se rendit à la fonderie pour assister à la fonte de 14
pièces de canon et fut reçu par M. Dusaussoy; de là
au salon d'exposition des produits de l'industrie de la
ville, où parmi les objets d'art qui furent exposés à ses
regards nous devons citer une diligence inversable de
l'invention de M. Rocheline, capitaine d'artillerie, et
exécutée par M. Fabricius. Le prince voulut qu'on
essayât de la faire verser à trois reprises différentes, et
vit avec plaisir que cette voiture était vraiment inversable. L'arsenal, le musée, le cabinet d'histoire naturelle et la bibliothèque furent successivement l'objet de
l'attention du roi, qui ne rentra dans son palais que
vers six heures. Après son dîner, S. M. reçut les dames.

Le lendemain, Charles X, après avoir entendu la

messe dans ses appartemens, partit à neuf heures pour Lille, et trouva à la sortie de la ville, près de l'arc-de-triomphe, les mêmes autorités qui l'y avaient reçu lors de son arrivée. Avant son départ le roi avait fait déposer entre les mains de M. le sous-préfet de l'arrondissement une somme de trois mille francs pour être distribués aux indigens de Douai, et 500 fr. pour ceux d'Orchies.

Une médaille fut distribuée pour perpétuer le souvenir du passage de Charles X à Douai; elle porte d'un côté l'effigie de ce monarque, et de l'autre cette inscription entourée d'une branche d'olivier et d'une branche de chêne.

DUACI MANENTE
CAROLO DECIMO.
LŒTATUR CIVITAS.
6 SEP. 1827.

21.—Par ordonnance du roi, le trésorier de Notre-Dame, à Douai, est autorisé à accepter le legs d'une rente annuelle de 35 fr. et d'une somme de 300 francs fait à cet ablissement par la dame Catherine Lefebvre, veuve du sieur Dubois, suivant testament olographe du 8 novembre 1826, à la charge de célébrer les services religieux tels qu'ils seront réglés par l'évêque de Cambrai. — Ladite somme de 300 fr., et, en cas de remboursement, le capital de la rente de 35 fr. seront employés en acquisition de rentes sur l'état.

11 octobre. — Par arrêté du ministre de l'instruction publique, M. Adrien d'Albas fut nommé inspecteur de l'Académie de Douai, en remplacement de M. Agnant, appelé aux mêmes fonctions à l'Académie de Bourges; M. Rara, professeur au collége royal de Strasbourg, en remplacement de M. Soilly; M. l'abbé Lazerat, aumônier au collége royal de Douai, en remplacement de M. l'abbé Darsses, démissionnaire.

23. — M. Gratet-Duplessis est nommé recteur de l'Académie de Douai en remplacement de M. Taranget.

12 novembre. — Ouverture d'un cours d'anatomie à l'amphithéâtre de chirurgie.

18. — M. Durand d'Elcourt est réélu député.

26 *décembre*. — M. Petit, substitut de M. le procureur-général près la Cour royale de Douai, fut nommé conseiller en la même Cour, en remplacement de M. Evrard, décédé.

— Mmes Pamard, de Douai, chez lesquelles le roi avait logé lors de son séjour en cette ville, reçurent un vase en vermeil que S. M. leur avait adressé comme gage de sa satisfaction et de sa reconnaissance.

—Mouvement de la population de la ville de Douai pendant l'année 1827 :

NAISSANCES.

Garçons.	357
Filles.	323
TOTAL.	680

MARIAGES.

Garçons et Filles.	104
Garçons et veuves.	7
Veufs et filles.	14
Veufs et veuves.	3

DÉCÈS.

Garçons.	164
Hommes mariés.	79
Veufs.	39
Filles.	153
Femmes mariées.	56
Veuves.	61
TOTAL.	552

1828.

4 *janvier*. — M. le vicomte de Caux, né à Douai le 24 mai 1775, fut nommé ministre secrétaire-d'état de de la guerre.

8. — Le préfet du Nord, par une circulaire, enjoint à tous les maires des communes rurales d'organiser immédiatement un service de patrouille de nuit.

— Le même jour, à cinq heures et demie du soir, des cris : *Au secours* se firent entendre dans la ruelle Pépin. Au même instat plusieurs voisins se réunirent et l'on apprit que le feu venait de se communiquer dans une chambre où se trouvaient deux enfans que leurs parens avaient laissés seuls. Personne ne cherchait à pénétrer dans la maison, craignant d'être suffoqué par la fumée, lorsque M. Courtray, receveur municipal, s'élança dans la chambre et eut le bonheur, après huit minutes de recherche, de remettre dans les bras de la mère, qui rentrait chez elle, l'un de ses enfans âgé de 5 ans, que le feu n'avait point atteint. Celle-ci dit, au milieu de son désespoir, qu'il restait encore dans la chambre sa petite fille à sauver. M. Courtray retourna au lieu de l'incendie ; mais cette fois il eut la douleur de trouver l'enfant consumé par les flammes.

3 *mars*. — Le vicomte Alban de Villeneuve-Bargemont, ancien préfet de Sambre-et-Meuse (3 janvier 1814), de Tarn-et-Garonne (10 juin 1814 et 14 juillet 1815), de la Charente (6 août 1817), de la Meurthe (25 avril 1820), de la Loire-Inférieure (22 septembre 1824), fut nommé préfet du département du Nord, en remplacement du comte de Murat, qui passa de Lille à Strasbourg.

4. — M. de Warenghien, ancien commissaire des guerres, fut nommé, par ordonnance du roi, aux fonctions d'adjoint au maire de la ville de Douai, en remplacement de M. Mellez, démissionnaire.

9. — Enterrement de M. Black père, anglais d'origine, lequel avait en cette ville une fabrique de tulle. Dès dix heures du matin, la rue des Wetz, dans laquelle il demeurait, fut remplie d'une foule considérable de personnes, curieuses de voir les cérémonies religieuses des protestans. Le ministre du culte, qui était venu de Cambrai pour célébrer les funérailles, vint prendre le corps en la maison mortuaire et le conduisit au cimetière commun. Arrivé au champ de douleurs, le ministre, placé sur le bord de la fosse, lut plusieurs passages de la Bible, les prières des morts et prononça un discours dans lequel il retraça les devoirs imposés à l'homme sur la terre, discours qui fut écouté dans le

plus profond silence par les assistans des deux religions.

13. — Par ordonnance du roi dudit jour, MM. de de Beaumarets et Leleu furent nommés membres du conseil municipal, en remplacement de MM. Evrard et Mellez, décédés.

16 *avril.* — Mort de M. Duplaquet. Ce magistrat administra pendant onze ans le sixième arrondissement du Nord avec toutes les qualités qui caractérisent le fonctionnaire le plus éclairé et le plus habile. Un monument lui a été élevé par la main de l'amitié et de la reconnaissance.

3 *mai.* — La société de la *Morale chrétienne* avait proposé un prix pour le meilleur écrit sur le *Courage civil*; ce prix fut remporté par M. Corne, conseiller-auditeur à la Cour royale de Douai, déjà si avantageusement connu par ses talents dans la magistrature et par son amour pour les belles-lettres.

21. — M. Becquet de Mégille, ci-devant maire de Douai, nommé sous-préfet du sixième arrondissement du département du Nord, entra en fonctions ce jour et reçut les félicitations de MM. les adjoints de la mairie, accompagnés des membres du conseil municipal, ainsi que celles de plusieurs fonctionnaires de diverses autorités civiles et militaires.

— D'après les recherches qui furent faites à cette époque par M. Lejeune, de Fontaine-Lévêque, de nouvelles mines de fer furent découvertes sur les terroirs des communes de Flines, Montigny, Beuvry et Waziers.

15 *juin.* — Une cérémonie religieuse eut lieu en la commune de Cuincy, près Douai. Après les vêpres, un calvaire, porté par quatre vieillards ayant les pieds nus, fut planté en cette commune avec la plus grande solennité, en présence d'un nombre considérable de fidèles de tout sexe. En tête du cortége on remarquait M. Levesque, grand-doyen de la paroisse St-Jacques, accompagné de MM. les abbés Leroux et Pinquet ; M. le curé de Cuincy ; M. le marquis d'Aoust, maire dudit lieu et ses adjoints, ainsi que plusieurs personnes notables. Un détachement du 32e régiment d'infanterie de ligne formait la haie. La musique du collége royal de

Douai prit part à cette solennité et exécuta avec autant de goût que d'ensemble des marches militaires, et plusieurs morceaux d'harmonie.

18. —Lettre pastorale de Mgr. l'évêque de Cambrai, qui invite MM. les curés à seconder les efforts de l'administration, pour soustraire, par la propagation de la vaccine, la population de ce diocèse, aux ravages de la petite vérole.

15 *juillet.* — La Société centrale d'agriculture, sciences et arts acccorda deux médailles d'argent aux auteurs de deux mémoires remarquables sur cette question :

« *De quelles réformes et améliorations le système d'en-*
» *seignement public est-il susceptible ?* »

1ʳᵉ MÉDAILLE. — M. Jacques, lieutenant au 7ᵉ régiment d'artillerie.

2ᵐᵉ. — M. Pelletier, principal du collège de Saint-Amour, département du Jura.

Trois médailles furent décernées aux élèves du cours industriel. Une médaille d'or de 120 francs, pour prix d'invention, à M. Blangarnon, mécanicien.

Une médaille d'or de 100 fr., pour prix d'exécution, à M. Bulcourt, mécanicien.

Une médaille d'argent, comme deuxième prix d'exécution, à M. Véroux, menuisier.

16. — *Avis publié dans la ville de Douai :* — « M. » John Williams, oculiste, honoraire de S. M. T. C., » propriétaire et directeur du dispensaire royal et gé- » néral de Londres, chevalier du lys, membre corres- » pondant des Sociétés de médecine de Paris, Châlons, » Toulouse, Marseille, Evreux, Périgueux, de la société » d'émulation de Cambrai, et de plusieurs autres, tant » médicales que littéraires, actuellement à Douai, où il » donnera, *aux personnes aisées*, une ou deux consulta- » tions sans honoraires. »

M. Williams rendit la vue à un bon nombre de personnes qui étaient privées depuis long-temps de ce précieux organe.

20. — Dans la matinée, le 3ᵐᵉ régiment d'artillerie

à cheval fit son entrée dans la ville. Malgré le mauvais temps, une forte partie de la population se trouva sur le passage de ce régiment, depuis le faubourg de Paris jusqu'à la caserne de Marchiennes.

19 *août*. — Arrêté du préfet qui ordonne l'établissement d'un conseil de salubrité dans la ville de Douai. Ce conseil fut composé de MM. Taranget, Reytier, Lequien, Gronnier, Gelez, docteurs en médecine; Beaulieu, Escaliez, Midy et Cocqueau, pharmaciens à Douai.

—Nouvel appel de M. le préfet pour la propagation de la vaccine.

15 *septembre*. — La société de médecine de Douai, dans sa séance de ce jour, élut ses fonctiodnaires pour l'exercice de 1829 à 1830. Elle nomma :

Président. . .	MM.	Escaliez fils.
Secrétaire. . .		Boulanger.
Bibliothécaire. .		Tesse.
Trésorier. . .		Mangin fils.
Econome. . .		Delannoy - Bonnaire.

18.—Quand vous irez aux fêtes champêtres, livrez-vous au plaisir avec plus d'abandon ; mais conservez les bienséances, sans quoi i! pourra vous arriver malheur. Si certain individu n'avait pas ôté son habit pour danser plus à l'aise à la ducasse d'Equerchin, on ne le lui aurait pas volé. Excellente leçon de civilité donnée par les industriels.

20. — Le cadavre d'une nommée Lemaire, âgée de 50 à 55 ans, fut retiré d'une branche non navigable de la Scarpe, vis à vis l'église St-Jacques, à Douai. Cette femme était disparue de son domicile depuis le 15 de ce mois. On attribua ce suicide à l'accablement de la misère qu'éprouvait cette malheureuse.

22. —Vers neuf heures du soir, un incendie se manifesta tout à coup autour d'une meule appartenant à la dame Chrétien, veuve Saudemont, cultivatrice, rue d'Equerchin. Cette meule était placée sur la chaussée de Douai à Arras, entre la ville et le faubourg, et renfermait 1,200 bottes de lin non battu et 800 bottes de

scourgeon. La perte fut évaluée à deux mille francs. On attribua cet incendie à la malveillance.

27.—Circulaire du recteur de l'Académie de Douai, adressée à MM. les proviseurs, principaux de colléges, chefs d'institution et maîtres de pension, du ressort de ladite Académie, dans laquelle il les invite à signer eux-mêmes et à faire signer par chacun de leurs collaborateurs une déclaration individuelle exactement conforme à ce modèle.

« Je soussigné (noms, prénoms, qualités, emplois), » déclare, conformément à l'art. 2 de l'ordonnance du » 16 juin 1828, n'appartenir à aucune congrégation » religieuse non légalement établie en France.

» Fait à, etc. »

M. le recteur ajoute : « Cette obligation concerne MM. » les proviseurs, censeurs, aumôniers, professeurs, » agrégés et maîtres d'études aux colléges royaux ; MM. » les principaux, sous-principaux, aumôniers, régents » et maîtres d'étude des colléges communaux ; MM. les » chefs d'institution et maîtres de pension, et les répé- » titeurs, précepteurs et maîtres employés dans ces éta- » blissemens, à quelque titre que ce soit.

» A l'avenir, MM. les proviseurs, principaux d'insti- » tution et maîtres de pension exigeront que tout nou- » veau maître, avant son entrée en fonctions, signe la » même déclaration, s'il n'est pas constaté qu'il l'ait » signé ailleurs. »

27.—Par ordonnance royale dudit jour, M. de Warenghien, sous-intendant militaire en retraite, chevalier de l'ordre royal et militaire de St-Louis et de la Légion-d'Honneur, fut appelé aux fonctions de maire de la ville de Douai, en remplacement de M. Becquet de Mégille, nommé depuis quelque temps aux fonctions de sous-préfet.

3 octobre. — Installation de M. de Warenghien aux fonctions de maire de Douai. — La grande salle de l'Hôtel de-Ville avait été décorée avec autant de goût que d'élégance. La grosse cloche du beffroi et le carillon se faisaient entendre. M. le sous-préfet de Douai, M. de Warenghien, suivis du conseil municipal, prirent

séance ; la musique de la garde nationale exécutait
l'air : *Où peut-on être mieux* ; une foule considérable de
citoyens de tous les rangs occupait la salle. Le tribunal
des prud'hommes, les officiers des pompiers de la ville
assistaient en corps à cette cérémonie. Parmi les personnes honorables présentes à cette séance, on remarquait le digne et vénérable doyen de St-Jacques, dont
les vertus patriarchales sympathisent si bien avec l'esprit des bons habitans de Douai. M. le premier président de la Cour royale, M. Degouves de Nuncques assistaient à cette séance avec le conseil municipal.

Après la lecture de l'ordonnance royale qui conférait
à M. de Warenghien les fonctions de maire, M. Becquet
de Mégille, dans un discours plein de mesure, de
convenance et de sentimens honorables, félicita M. de
Warenghien sur le choix que S. M. avait daigné faire
de lui ; il rappela toutes les garanties que le caractère,
l'expérience de M. de Warenghien offraient d'une bonne
et paternelle gestion. La Charte, les institutions qui en
dérivent, son esprit appliqué parurent à M. le sous-préfet des guides certains pour toutes les classes des fonctionnaires publics. « Cette Charte immortelle, dit M.
Becquet, garantie des libertés publiques, nous la devons
à l'auguste famille qui nous gouverne, ce fut toujours
aux Bourbons que les Français durent les franchises
et libertés dont ils ont joui et jouissent encore. Contre
cette charte impérissable, que l'amour de notre bien-
aimé monarque nous a garantie, viendront expirer les
vains efforts des perturbateurs et des ennemis de l'ordre
public. »

M. Becquet, que son amour pour les progrès des
sciences et des arts ont toujours distingué, les recom-
manda d'une manière aussi aimable que touchante à son
successeur.

M. le maire de Douai prit ensuite la parole. Il exprima
vivement toute sa reconnaissance pour la marque de
haute confiance dont le roi daignait l'honorer ; il promit de la justifier par son constant amour pour les lois,
pour l'ordre, pour la Charte constitutionnelle ; par sa
modération, son impartialité et ses efforts pour assurer
la prospérité de la cité. L'éloge de son prédécesseur

qu'il fit avec autant de délicatesse que de talent, trouva de l'écho dans tous les cœurs. La séance fut levée aux cris de : *Vive le roi !*

19. — POLYGONE. — Des éclats de bombe, tombés sur le hameau de Dorignies, y portèrent la terreur. Un de ces éclats, du poids de cinq livres environ, fut jeté dans la cour de M. Rosé, fabricant de sucre de betteraves, éloignée de plus de douze cents mètres du feu des expériences.

27. — M. Rossignol prête serment en qualité d'avocat, à l'audience de la Cour royale de ce jour.

2 *novembre*. — Lettres-patentes du roi qui confèrent le titre de baron à M. Amaury de La Grange, chef de bataillon au régiment d'artillerie de la garde royale.

3—. Rentrée de la Cour royale de Douai. Le discours d'usage fut prononcé par M. l'avocat-général Lambert. L'objet de ce discours était : *l'Opinion publique.*

4. — Cérémonie religieuse à l'église St-Pierre à l'occasion de la fête du roi. Mme Brun, née Lambert fit la quête dans l'église pour l'association des chevaliers de St-Louis. Cette dame avait pour chevalier d'honneur M. le lieutenant-colonel du 23e régiment de ligne.

— Le même jour, à onze heures du matin, distribution des prix aux orphelins et orphelines dans une des salles de l'Hôpital-Général, en présence des autorités et d'une nombreuse assemblée, que cette intéressante solennité avait réunie.

— MM. les gardes nationaux à cheval se réunirent à l'hôtel de *l'Europe*, pour y célébrer dans un banquet la fête du roi. Attendu la maladie de M. Lefebvre de Troismarquet, qui commandait cette garde, on avait invité M. le baron de La Grange à présider cette réunion.

—M. Martin père prêta serment devant la Cour royale en qualité d'avocat, et son successeur, M. Sauvage-Marlier, prêta aussi serment comme avoué.

C'est après 31 ans d'honorables services que M.

Martin quitta les fonctions d'avoué ; son zèle, son expérience et sa connaissance des affaires furent généralement appréciées dans l'étendue du ressort de la Cour royale de Douai.

18. — Le capitaine Nuguet, officier distingué du régiment d'artillerie à pied, en garnison en cette ville, mourut, à la suite de convulsions dont il avait été pris la veille au sortir du spectacle. Il n'avait pas été plus de 12 heures malade.

— Ouverture à Douai d'un cours de géométrie et de mécanique appliqués aux arts et à l'industrie, par M. Chenuou.

20. — Publication de l'ouvrage sur le *Courage civil*, par M. Corne.

— Depuis deux ans des vols considérables étaient commis à Douai avec une audace extraordinaire, les uns dans la nuit, d'autres dans la soirée, d'autres même dans le jour. La police, malgré son active surveillance, n'avait pu jusqu'ici avoir le moindre indice sur nos hardis voleurs, lorsque le jeudi 20 novembre le hasard mit enfin sur la trace de l'auteur de tant de vols.

Le sieur Champeaux, horloger, beau-père du sieur Desailly, chez qui on avait commis, il y avait environ un an, un vol considérable de montres, était à l'estaminet du *Chameau*, lorsqu'il entendit raconter par le sieur Dorchies, marchand brasseur, qu'un sr Deguine, marchand et perruquier, rue St-Christophe à Douai, avait été saisi en septembre de l'année précédente par la douane de Bercu avec 44 montres qu'il portait autour de lui. Le sieur Champeaux informe la police de ce qu'il vient d'apprendre et se rend à la douane de Bercu, où il reconnaît cinq ou six montres volées chez son beau fils. Sur ce nouvel avis la police dispose ses batteries. Vers cinq heures et demie du soir, un agent aposté apprend que le sieur Deguine vient de rentrer dans son domicile, il s'y présente et demande à lui parler. La femme Deguine répond qu'elle va appeler son mari, occupé à soigner sa fille, dangereusement malade ; le fils fait une réponse semblable ; mais après quelques minutes, ce fils vient dire à l'agent de police qu'il ne sait ce que son père est devenu. La maison est à l'instant cernée, mais en vain ; Deguine avait déjà disparu. Il paraît probable que, sorti par la fenêtre de son grenier, il aura suivi les gouttières pour entrer dans celui du sieur Leflond-Bassette, d'où il sera descendu dans la cour. On trouva la porte cochère qui donne sur la rue St-Pierre ouverte, ce qui ne laissa pas de doute sur son moyen d'évasion : la maison était inhabitée et la porte hermétiquement fermée *.

La justice fit chez Deguine une visite domiciliaire. Dans une malle cachée, on découvrit des morceaux de draps, des effets ainsi que sept cuillers à café, provenant d'un vol fait l'été précédent chez le sieur Lasiez, marchand de draps, rue de Bellain. On se saisit d'un instrument en fer, confectionné exprès et destiné à crocheter les portes ; cet instrument, appliqué aux marques trouvées sur les diverses maisons où des vols avaient été commis, ne laissa pas de doute sur sa destination.

Deguine était un homme sur lequel jusque-là nul soupçon n'avait plané ; il avait été long-temps attaché à l'église St-Pierre, et s'était fait remarquer par sa dévotion. La femme et le fils aîné de Deguine furent arrêtés comme complices des différens vols.

26. — M. le maire de la ville de Douai procéda, en l'hôtel de la mairie, à l'installation de M. Delecroix, en qualité de premier adjoint, et de M. Leboucq de Ternas comme second adjoint.

27. — Une messe solennelle fut célébrée en l'église Notre-Dame, à l'occasion de la restauration du chœur. MM. les amateurs de musique et les élèves de nos académies s'étaient réunis pour accroître l'éclat de cette cérémonie. Il eut été difficile de rencontrer, en province, un orchestre plus complet et meilleur que celui qui ce jour accompagna, sous la direction de M. Luce, les principaux chants religieux. Les fidèles se pressèrent en foule sous les arcs en ogive du vieux temple.

---

*Deguine habitait à Douai la maison ci-devant occupée par Ripé, condamné pour vol, et qui était parvenu à s'échapper de chez lui de la même manière que Deguine.

Le chœur avait été restauré avec beaucoup de goût par notre savant professeur M. Wallet. L'immense niche qui abrite le sanctuaire est d'un style simple, pur et à la fois élégant. Le maître-autel ne répond pas à l'œuvre de M. Wallet, il est un peu *papilloté*; mais il était ainsi de forme, on ne pouvait que le restaurer, et on ne le fit en homme de beaucoup de goût.

23 *décembre.* — Disparition de M. Adam, préposé en en chef de l'octroi. L'autorisation de poursuivre fut envoyée par le préfet, M. Adam jouissait d'un traitement de 3,600 francs.

27. — Un soldat du 32e, arrivé près du pont du marché aux Poissons, au moment où il allait tourner, chercha à s'élancer sur le pont pour gagner de suite l'autre bord. Le pont étant alors en mouvement, le pied manqua au militaire, il tomba dans la Scarpe; son capitaine, logé auprès de ce pont, vit ce malheur; et, sans calculer que les eaux n'avaient pas assez de profondeur pour l'empêcher de se blesser, sauta d'un premier étage et fut assez heureux pour ramener à bord le militaire; mais il était trop tard : le soldat, qui sans doute s'était blessé en tombant, expira quelques instans après. Le brave capitaine Herbart, qui lui-même avait couru des dangers, fut vivement recommandé à l'autorité par le chef du 32e de ligne.

30. — Une femme âgée de 72 ans, portant un enfant de 25 mois, tomba dans la branche de dérivation de la Scarpe, qui longe la rue du Bloc, et s'y noya avec l'enfant qu'elle portait. La malheureuse fut retrouvée au-delà du moulin de la Prairie, ses bras s'étaient contractés de manière qu'elle semblait serrer encore son petit-fils sur son sein; le corps de l'enfant fut retrouvé en avant du moulin. L'infortunée cherchait l'entrée de la rue du Pont-des-Pierres; trompée par l'obscurité, elle était allée tomber près du pont.

1829.

6 *janvier.* — Un habitant de Cuincy traversant une

clairière, toucha le fil d'un piège à feu tendu pour
pour prendre les loutres ; le coup partit, et le malheureux reçut à bout portant toute la charge de l'arme. La
nature de la blessure ayant promptement amené la
gangrène, cet individu mourut lorsqu'on se disposait à
lui faire l'amputation. Un accident semblable est bien
propre à engager les propriétaires à renoncer à cette
sorte de piéges.

— M. le maire de la ville de Douai annonça, par
son arrêté de ce jour, qu'une exposition d'objets d'art
et d'industrie aurait lieu en cette ville le 12 juillet suivant.

8.—M. le préfet du Nord informé qu'une souscription était ouverte dans la ville de Douai, pour la propagation de l'instruction élémentaire, s'empressa de se
faire inscrire au nombre des souscripteurs.

10. — L'assemblée des commerçans, fabricans et
chefs d'ateliers, réunis sous la présidence de M. le maire
de Douai, réélut membre du conseil des prud'hommes
M. Duthilloeul, brasseur, en remplacement de M. Pinquet, membre sortant.

14.—Arrêté de M. le maire, concernant la pieuse
cérémonie destinée à honorer la mémoire de S. M.
Louis XVI et de la reine Marie-Antoinette.

20.—Au théâtre, le *Flaneur Douaisien*, vaudeville
en trois tableaux. Cette pièce, tout-à-fait de localité,
pleine de gaieté et de jolis couplets, fut vendue à la
porte du spectacle le jour de la représentation.

M. Thurbet, son auteur, nous montre la ville de
Douai un jour de la fête communale, à différentes
heures de la journée : A dix heures du matin, au ca-
baret du père Houblon ; à quatre heures sur la place du
Barlet, et le soir à dix heures au café *de la Paix*. La
caricature du vieux perruquier est assez plaisante. Tiot
Thomas n'est pas sans vérité ; c'est assez *l'ouverrié ed
Douè*.

21.—A l'occasion du funeste anniversaire de la mort
du roi Louis XVI, une cérémonie funèbre eut lieu en
l'église paroissiale de St.-Pierre. On y lut, comme
d'usage, le testament du roi-martyr. Les fonctionnaires

des différens ordres et les corps militaires, assistèrent
à cette triste et imposante cérémonie. La quête fut faite
par Mme de Warenghien, conduite par M. le chef d'escadron d'artillerie Legendre.

25. — M. Paix (Antoine-Joseph) fut nommé membre
du conseil municipal, en remplacement de M. Lambert,
démissionnaire.

27. — Par décision de M. le recteur de l'Académie
de Douai, M. l'abbé Dumetz, principal du collége de
St-Pol fut forcé de cesser ses fonctions. Cet acte rigoureux n'était autre que l'application de l'ordonnance
royale contre les Jésuites.

— M. St.-Quentin, brasseur, généralement estimé à
Cambrai, fut appelé à Douai pour faire parti du jury
du 1er trimestre de 1829. Arrivé à Douai, il logea avec
plusieurs de ses collègues à l'*Hôtel de Flandre*, on
n'avait remarqué en lui aucun signe d'aliénation. Dans
une affaire grave où un individu fut condamné à mort
comme assassin, le sort avait désigné M. St.-Quentin
pour faire partie des douze jurés. Dans une autre affaire
où l'accusé fut condamné aux travaux forcés à perpétuité, il faisait encore partie du jury. Depuis ce moment, quoique ces deux accusés eussent été déclarés
coupables à la presque majorité, M. St.-Quentin ne
fut plus le même, il devint sombre, il disait souvent
qu'il était facheux pour lui de ne pas avoir été récusé
dans ces deux affaires; il fuyait ses collègues; enfin,
le lundi soir, 26, il rentra à son hôtel, s'enferma dans
sa chambre, étendit son manteau sur le lit, et s'en-
fonça dans le cœur un couteau de table jusqu'au
manche.

Le mardi matin, ne le voyant pas descendre, on se
rendit à son appartement, où on trouva le malheureux
étendu sans vie; il était froid et ne s'était pas déshabillé,
ce qui fait penser que c'est le soir qu'il s'est suicidé. Le
sieur St-Quentin faisait honorablement ses affaires :
bon père, bon époux, bon citoyen, on ne lui connais-
sait aucun chagrin domestique. On ne peut attribuer
sa mort qu'à un accès de démence momentanée.

31. — Pétition de MM. les brasseurs de Douai, pour

obtenir la réduction de 2 fr. par hectolitre de l'impôt mis sur la bière à sa fabrication. Ce droit, qui n'était que de 1 fr. 50 cent. en 1816, était alors de 3 fr. 30 c.

—Résultat des assises de la 1re session 1829. — 28 affaires, dans lesquelles figuraient 43 accusés.

1 fut condamné à la peine de mort.
4 aux travaux forcés à perpétuité.
16 aux travaux forcés à tems,
5 à la réclusion.
8 à l'emprisonnement.
8 furent acquittés.
1 fut remis à ses parens.

Total : 43

2 *février.*—Ordonnance de M. Deforest de Quartdeville, premier président de la Cour royale de Douai, qui fixe l'époque de l'ouverture des assises du département du Nord, à Douai, au 22 avril suivant.

7.—MM. les administrateurs des hospices de Douai, introduisent la méthode d'enseignement mutuel à l'Hôpital-Général. L'école fut ouverte pour les deux sexes, et sa direction fut confiée à M. Lagroy, capitaine retraité, chevalier de la légion-d'honneur.

—Par décision du ministre de l'instruction publique, M. Boulanger, bachelier ès-lettres et ès-sciences de la faculté de Paris, fut nommé chef d'institution à Douai.

9.—M. Lucien Lenglet, avocat, fils de feu M. Lenglet, président à la Cour royale de Douai, est nommé juge-auditeur au tribunal de Dunkerque.

12.—M. Anciaume, chef de bureau de la préfecture du Nord, fut nommé préposé en chef de l'octroi de la ville de Douai, en remplacement de M. Adam, fugitif.

13.—Mort de M. Dufaux, conseiller à la Cour royale de Douai. Il avait épousé la sœur du romancier Pigault-Lebrun.

14.—Mourut subitement en cette ville, M. Filleul, né le 5 septembre 1769, à l'île St.-Domingue. C'était un homme de bien et un véritable philanthrope.

M. Filleul se montra toujours zélé pour la maçonnerie, dont il était membre; il fut reçu en cette qualité à Saint-Domingue, en 1790, et affilié à la loge de la *Parfaite-Union*, de Douai, le 29 décembre 1804, où il reçut les grades les plus élevés, en récompense des services qu'il avait rendus à l'ordre.

24. — Arrêté de la commission administrative des hospices de la ville de Douai, pour régulariser le service de secours à domicile.

Cet arrêté porte qu'un bureau de charité est établi dans chaque paroisse, qu'il est composé de quatre notables, et présidé par le curé. Six dames de la paroisse sont chargées de faire des quêtes, de visiter les indigens à domicile et de leur distribuer une partie des secours temporaires. Chaque paroisse est divisée en trois arrondissemens, et subdivisée en plusieurs quartiers. Un des membres du bureau de charité est attaché à chaque arrondissement, et chaque quartier a un commissaire-distributeur qui prend le nom de *père des pauvres*, et qui peut entretenir des rapports journaliers avec le commissaire attaché à son arrondissement, à effet d'obtenir des secours en cas d'urgence.

COMPOSITION DES BUREAUX DE CHARITÉ.

Paroisse de Saint-Pierre.

Mmes Becquet de Mégille, Josson, de Warenghien, Proyart, M^{elles} Guillemot, de Bailliencourt, dames de charité.

Membres du bureau de la paroisse.

MM. de Forest de Lewarde, Desprès-Allard, Fouquay et Leroy (Emile).

Paroisse Notre-Dame.

Mmes de Clermont-Tonnerre, d'Oria, Balthazard, de Saint-Auban; M^{elles} Courtrai, Canquelin aînée, dames de charité.

Membres du bureau de la paroisse.

MM. Capon, de Bailliencourt, Tréca-Leleu et Pronnier.

Paroisse de Saint-Jacques.

Mmes de Courcelles, Dupont, Morand de Jouffrey, Plazanet, Allard et Melle Leroux de Bretagne, dames de charité.

7

Membres du bureau de la paroisse.

MM. Demazure, Dubrulle, Ramont et Dusquesne-d'Absens.

Médecins et médecins-adjoints des pauvres, nommés en vertu dudit règlement.

Médecins, MM. Potiez, Lequien et Tesse.

Médecins-adjoints : MM. Gronnier, Fontaine et Duhem.

25. — Vu l'état menaçant de l'église des Bénédictins, après l'examen des lieux, l'administration interdit le passage par cette rue.

2 *mars.* — L'aïeul du statuaire Bra mourut à l'âge de 76 ans. Il exerçait seul à Douai la profession de sculpteur, dans laquelle il s'est distingué. Le conseil municipal lui faisait une pension en considération des talens de son petit-fils.

19. — Un jeune homme de 21 ans fut exposé au carcan, et ensuite flétri des lettres T. P., par suite d'une condamnation à la peine des travaux forcés à perpétuité. *Deux pains, deux bouteilles de vin et deux petits paquets de tabac* volés à la cantine de l'abbaye de Loos, par le moyen d'un brisement de porte, tel avait été le crime de ce condamné. Pour une valeur de moins de 2 francs, un malheureux est pour la vie plongé dans les bagnes et confondu avec de vils assassins.

20. — Un violent orage vint fondre sur la ville de Douai et les campagnes environnantes; la pluie tomba par torrens, et le tonnerre retentit incessamment. La foudre tomba à différens endroits, notamment à l'Hôpital-Général, dans la cour des hommes, mais ne causa aucun dommage.

4 *avril.* — Le nommé Herbage, condamné à mort aux dernières assises du département du Nord, et dont le pourvoi venait d'être rejeté, fut extrait de la prison de Douai, pour être conduit à Lille, où l'exécution devait avoir lieu le lendemain. Son assurance au moment du départ fut extrême; il fumait sa pipe et promenait tranquillement ses regards sur le public qui l'entourait.

18.— Publication du programme des concours littéraires ouverts par la loge de la *Parfaite-Union* de Douai, en 1829.

PHILOSOPHIE, HISTOIRE.

Sujet proposé en 1828, et remis au concours de 1829.

« *Faire l'histoire de la Maçonnerie au XVIe siècle ; rechercher quelle influence elle a pu avoir sur l'établissement de la réforme religieuse.* »

UTILITÉ PUBLIQUE.

Sujet proposé en 1828, et remis au concours de 1829.

« *Un manuscrit de cent pages environ, dont la lecture pourra être le plus utile aux classes inférieures de la société.* »

—Le commissaire de police de Douai se transporta successivement chez tous les boulangers de la ville, où il acheta des pains de toutes espèces ; après avoir apposé son cachet et avoir marqué le nom des boulangers, il fit déposer ces pains à la Mairie, pour vérifier si ceux-ci n'avaient pas employé dans la fabrication de leurs pains des matières nuisibles.

24. — A l'église Notre-Dame, funérailles de M. Lecomte, fondateur et directeur de notre école académique de musique. Les autorités de la ville y assistaient ; de jeunes élèves de l'Académie y exécutèrent plusieurs morceaux de chants analogues à la triste cérémonie. Deux marches, composées par M. Baudouin, expressions attendrissantes d'une âme que semblait avoir inspirée l'ombre d'un chef aussi savant que sensible, arrachèrent des larmes à la foule qui suivait le cortége dans le recueillement le plus profond.

29. — La Cour d'assises, dans sa séance de ce jour, condamne les deux accusés Charlotte Anache, femme Deguine, et Auguste Deguine, son fils, à cinq ans de travaux forcés, à une heure de carcan sur la place publique de Douai et aux frais, comme coupables de complicité avec recel.

6 *mai.* — On retira du fond d'un puits et sans vie la

demoiselle Dépinoy, demeurant sur la place du Barlet. Cette personne , malade depuis une année environ , était sujette à un dérangement de cerveau.

30 *mai.* — Le gouvernement français, ayant obtenu du roi des Bays-Bas l'arrestation et l'extradition du nommé Deguine père', accusé de divers vols faits à Douai , et dont la femme et le fils avaient été condamnés aux dernières assises , cet individu fut conduit dans les prisons d'Orchies , et transféré dans la prison de Douai.

1er *juin.* — M. Dubaillon fut admis à la prestation de serment en qualité de conseiller à la Cour royale de Douai.

11. — On commença le pavement de la rue Jean-de-Bologne.

— Publication du programme de la fête de Douai. Toujours les mêmes plaisirs, toujours le barbare jeu de l'oie, l'ignoble chasse aux canards, le périlleux mât de cocagne.

21. — Un faux avis affiché dans la commune de Sin, jeta ce jour trois cents personnes de Douai dans un singulier embarras. Cet avis leur avait annoncé qu'ils pouvaient largement jouir du plaisir de la fête, puisque les portes ne seraient fermées, avec l'autorisation du lieutenant de roi, qu'à onze heures du soir. Mais, selon l'avis officiel, elles furent closes à 9 1|2 , de sorte que les joyeux retardataires trouvèrent à leur arrivée porte de bois. Force fut à la plupart de retourner chercher un gîte à Sin ; d'autres, plus hardis , escaladèrent les murs de la ville , non sans s'exposer grandement.

30. — La musique de Douai obtient le deuxième prix au concours d'harmonie de Lille. La société des archers connue sous le nom de la *Renommée*, obtint deux médailles , celle de belle tenue et celle d'éloignement.

1er *juillet.* — A l'audience du tribunal de première instance dudit jour et d'après le réquisitoire de M. le procureur du roi, M. Wagrez aîné fut admis à prêter serment en qualité d'imprimeur-lithographe pour la ville de Douai.

7. — La femme Deguine et son fils furent exposés sur la place de Douai. Une affluence considérable de personnes remplissait toutes les rues que devaient traverser les prisonniers, depuis la prison St-Vaast jusqu'au lieu de l'exposition. La grand'place était couverte de citoyens de toutes les classes; les croisées étaient occupées par des femmes élégamment mises; sans la vue du fatal poteau, des témoins oculaires assurent qu'on aurait pu se croire à une grande parade ou dans un jour de fête. La femme Deguine montra de la résignation et de l'humilité; son fils, au contraire, afficha beaucoup d'effronterie et d'impudence, effet naturel des liqueurs fortes qu'il avait bues dans la matinée. Lors de sa rentrée à la prison, il s'arrêta sur le péristyle, se retourna et salua en signe de dérision le peuple qui l'avait escorté. Des huées et des sifflets, des injures furent prodigués aux condamnés à l'aller, au retour et sur la place. Reste de barbarie que nos mœurs proscrivent, que nos lois défendent.

6 *août*. — Condamnation de Deguine père à 20 ans de travaux forcés, à une heure d'exposition sur la place de Douai.

9. — Des enfants s'amusaient près du pont du Rivage, l'un d'eux tomba dans l'eau, où il se serait infailliblement noyé si M. Louis Bouriot, brasseur, passant en ce moment, ne se fut jeté à l'eau pour sauver le jeune imprudent.

11. — ORDONNANCE DU ROI. — Art. 1er. La Société d'agriculture, sciences et arts de la ville de Douai, est autorisée à prendre le titre de *Société royale*. — Ses règlemens sont approuvés tels qu'ils sont. — Le nombre de ses membres résidans est fixé à 36. — Il sera rendu compte au préfet des changemens qui surviendront dans le tableau des titulaires.

1er *septembre*. — Distribution des médailles et des encouragemens aux artistes, manufacturiers et fabricans qui avaient contribué à l'exposition de la ville de Douai.

DOUAISIENS. — *Grandes médailles d'argent*. — MM.

Desmoutier, filateur ; Vincent Lachez et comp., faïenceric.

Médailles d'argent. — MM. Azou, étoffes, laine et coton ; Luty, lin filé ; Massy-Coupez, pipes et poterie ; Minart père et fils, filateurs ; Robaut, corroyerie ; Rougeot, enclumes ; Thurin, marbrier.

Personnes de Douai qui ont obtenu des médailles de bronze. — MM. Ansman, coiffeur ; Bassée, serrurier ; Bulcourt, mécanicien ; Mlle Caron, broderie et peinture, Coulmont, horloger ; Dieulot, bijoutier ; Dislère, ferblantier ; Franchois, ébéniste ; Henri, maréchal ; Lecq, serrurier ; Leroy, chaudronnier ; Maréchal et Milot, mécaniciens ; Quény, mégissier ; T. Rogerol, étainier ; Mme Saudeur, fourrures ; MM. Vandeneycken, salpétrier ; Vigneron, fabricant de calicots.

M. le maire fit appeler, après la distribution des médailles aux artistes, manufacturiers et fabricans, le sieur Antoine Queter, poissonnier à Douai, et lui remit la médaille qui lui avait été décernée par le ministre de l'intérieur, pour avoir sauvé au péril de ses jours la vie à plusieurs de ses concitoyens.

3. — Le maréchal de camp Delcambre arriva à Douai pour y inspecter le 32e régiment d'infanterie de ligne.

9. — Le lieutenant-général Berge arriva à Douai pour y inspecter le personnel et le matériel de l'artillerie.

17. — M. Lacombe, employé de l'administration des hospices, fut nommé économe de l'Hôpital-Général, en remplacement de M. Choulet.

18. — Le préfet du Nord, par une circulaire, invita les maires du département à prendre des mesures pour préserver les églises des attentats qui s'y commettaient depuis quelque temps. En moins de deux mois, neuf églises de ce département avaient été successivement l'objet des spoliations les plus criminelles.

19. — Le nommé Deguine père, condamné aux dernières assises du Nord aux travaux forcés et à l'exposition pour cinq vols caractérisés, fut mis au carcan sur la place publique de Douai. Au moment de son extradition, à midi, une nombreuse populace occupait toute

la place St-Vaast; elle accueillit Deguine par des cris et des sifflemens, et toujours se grossissant, elle accompagna le patient jusqu'à la place, y demeura pendant l'exposition et le suivit ou le précéda à son retour à la prison, continuant à pousser des cris qui annonçaient plus de férocité que de satisfaction de voir le crime puni. Deguine paraissait résigné à son sort; pendant l'aller, le retour et l'exposition, il eut constamment la tête baissée et ne manifesta par aucun mouvement tout ce qui devait se passer d'horrible en lui. En le déferrant, le matin, on s'était aperçu qu'il avait limé ses fers. A sa rentrée dans la prison, des précautions furent prises pour veiller à la garde d'un voleur aussi adroit et aussi dangereux pour la société.

25. — Mort de M. Dumont, ancien notaire, membre du conseil municipal de Douai.

15 octobre. — La Société de médecine ayant demandé à M. le maire de Douai que trois boîtes fumigatoires, pour secourir les noyés, fussent placées, une à l'entrée des Eaux, une à l'Hôtel-Dieu et une troisième à la porte d'Eau, ce magistrat autorisa la Société à faire elle-même l'achat de ces boîtes, comme étant plus apte à juger tout ce qui y est essentiel.

— Exécution du nommé Cattyn, forçat libéré, condamné par les assises du Nord à la peine capitale, comme convaincu de tentative de meurtre. A onze heures le patient fut extrait de la prison St.-Vaast, et conduit sur la petite Place de Douai. Il monta à l'échafaud sans manifester la moindre faiblesse, et après avoir embrassé à deux reprises les dignes prêtres qui l'accompagnaient, *il fut lancé dans l'éternité.*

— Vers quatre heures du soir, des militaires au nombre de 25 ou 30, étaient montés sur l'échafaud qui avait servi à l'exécution de Cattyn, et s'amusaient à lever l'horrible couteau à la hauteur d'un ou deux pieds, et à le laisser retomber. Bientôt après, des enfans aussi montés sur l'échafaud, faisaient une sorte de répétition de l'exécution du matin. Il fallait là une sentinelle.

24, — La Cour royale, en audience solennelle, reçut

M. Taillard en qualité de conseiller-auditeur près ladite Cour.

25. — Le tableau de M. Abel de Pujol, la *Résurrection de Thabite*, fut placé à l'église Saint-Pierre, au-dessus de la chapelle de St.-Joseph.

— Le cours industriel, professé avec autant de zèle que de talent par M. Chenou, fut ouvert de nouveau.

1er *novembre.* — Le crane d'un quadrupède de grande proportion fut découvert dans l'ancien lit du souchet, à Courrières, et donné au musée de Douai par M. Dubois, notaire à Carvin.

— Par ordonnance du roi en date de ce jour, M. Braine, commissaire-priseur à Douai, fut nommé notaire à la résidence d'Arras, et M. Milot, premier clerc de notaire, fut nommé commissaire-priseur à Douai, en remplacement de M. Braine.

4. — On célébra la fête du roi avec l'appareil ordinaire; les chevaliers de St-Louis firent chanter une grand'messe à l'église St-Pierre; il y eût parade, et les monumens publics et bon nombre de maisons particulières furent illuminées.

6. — A onze heures du matin, la Cour royale, en robes rouges, ayant à sa tête M. le premier président, se rendit à l'église de St-Pierre pour y assister à la messe du Saint-Esprit. Elle était escortée par un détachement d'infanterie; à midi la cour rentra au palais, et M. l'avocat-général Maurice prononça le discours d'usage; il avait pris pour sujet la *Paix de la Conscience.* Ce discours, écrit avec élégance, était remarquable par la modération et la sagesse des pensées. La Cour et l'auditoire furent vivement émus lorsque M. Maurice rappela la perte récente et paya un tribut à la mémoire du vénérable conseiller M. Dufaux.

1er *décembre.* — Mme Vantooremburgh, accoucheuse-jurée, généralement estimée à Douai, fut renversée par la voiture de Mme Morand de Jouffrey, épouse de l'ancien procureur-général de ce nom. Les suites de cet accident furent telles que Mme Vantoremburgh fut re-retenue long-temps chez elle sans pouvoir reprendre ses occupations. Quelle indemnité pense-t-on que

Mme Jouffrey ait offerte pour compenser les pertes oc-
casionnées par cet accident ? *Cinquante francs.*

14. — M. le maire décerna, en présence de MM. les
membres du comité de vaccine, les médailles qui lui
avaient été adressées par le préfet, pour être remises
aux vaccinateurs qui avaient opéré le plus de vaccinations pendant l'année 1828. — M. Lequien obtint une
médaille d'argent, et MM. Tesse, Potiez et Mme Van-
lhooremburgh, des médailles de bronze.

23. — Par ordonnance royale dudit jour, M. Stiévenart, principal clerc de M. Valentin, notaire à Douai,
fut nommé notaire à la résidence de Marchiennes-Ville.

1830.

4 janvier. — Le sieur Bleuzé, boulanger, rue de
Bellain, se précipita de son grenier dans la rue et ne
survécut que deux heures après sa chute. Des chagrins
domestiques l'avaient porté à cet acte de désespoir.

— Dépôt dans la prison St-Vaast d'une femme d'A-
vesnes, accusée d'un crime qui rappelle avec plus
d'horreur encore ceux de Papavoine et de la fille Cornier.
Elle avait coupé la tête de son jeune enfant. La justice
ordonna que sous le rapport mental elle fut soumise à
l'examen des hommes de l'art. MM. les docteurs Taranget et Tesse furent désignés pour faire cette enquête.

— Par arrêté du ministre de l'intérieur, M. Mellez-
Défaulx et M. Lefebvre de Troismarquet, membres
sortans du conseil de charité furent nommés de nouveau
à ces fonctions. M. Nepveur, membre sortant de la
commission, fut également renommé.

18. —Ouverture de la Cour d'assises du département
du Nord, pour le premier trimestre de 1830. Présidence de M. Lefebvre de Troismarquet.

20. — A l'issue de la messe, que la première société
des archers *dite* de la *Renommée* fit chanter en l'église
St-Jacques, il fut fait, au nom de cette société, une
ample distribution de pain aux pauvres.

21.—Service anniversaire du roi Louis XVI et de la

reine Marie-Antoinette. Lecture du testament du roi-martyr , au milieu de cette lugubre cérémonie. — Quêteuse, l'épouse de M. le baron de La Grange , conduite par M. le chevalier Piedfort.

26. — L'association pour le refus de l'impôt illégal, formée à Douai , donne lieu à des poursuites de la part du ministère public.

4 février. — On trouva sur le glacis extérieur de la porte de Valenciennes, à Douai, un enfant nouveau-né absolument nu et né viable. La justice se mit bientôt à la recherche des auteurs du crime. Des soupçons s'éle-vèrent contre une fille de Dechy qui avait paru en-ceinte et dont les signes de grossesse avaient disparu. Le juge d'instruction ayant interrogé cette fille, elle nia être accouchée , mais les hommes de l'art déclarèrent après visite , qu'elle avait dû accoucher depuis six se-maines. Interrogée de nouveau et vivement pressée, elle avoua enfin avoir mis un enfant au monde et l'avoir caché dans la paillasse de son lit. L'autorité trouva en effet un enfant mort dans la paillasse, et la coupable fut arrêtée ainsi que sa mère.

On rechercha alors la mère du second enfant trouvé mort sur le glacis. Un fait remarquable, c'est qu'en cherchant l'auteur du premier crime on en ait décou-vert un second.

5. — Mlle Duchesnois vint faire admirer son talent sur le théâtre de Douai dans les représentations succes-sives de *Marie Stuart, Phèdre, Elisabeth de France, la Princesse des Ursins, l'Héritière,* et enfin dans l'incom-parable *Athalie.*

12.—Le préfet du Nord rappelle aux maires du dé-partement , par une circulaire en date de ce jour , que l'ordonnance royale du 29 octobre 1828 doit avoir son exécution à compter du 20 avril suivant. Cette ordon-nance, relative à la police du roulage, porte qu'*aucune charrette, voiture de roulage ou autre,* ne pourra circuler qu'avec des moyeux dont la saillie, en y comprenant celle de l'essieu, n'excédera pas douze centimètres, un plan passant par la face extérieure des jantes. « Des doutes se sont élevés, dit le préfet, sur l'application de l'ordonnance aux voitures et charrettes circulant sur sur les chemins dépendant de la Petite-Voirie. Le texte de l'article 1er ne permet pas une telle exception ; l'on en sera convaincu en réfléchissant aux inconvénients que l'ordonnance a pour but de prévenir, et qui sont plus à craindre sur les chemins communaux: ces doutes ont d'ailleurs été levés par le ministre de l'intérieur, consulté à cet égard. »

2 mars. — Le taux moyen de la journée de travail qui devait servir de base à l'appréciation des amendes prononcées pour contravention aux lois sur la police rurale, fut fixé à 70 centimes pour l'année 1830.

4. — M. Aug. Dubois, adjoint aux intendans militaires, employé à Douai, fut désigné pour faire partie de l'expédition d'Alger.

— Mort de M. Déprès, avoué à la Cour royale, capitaine-commandant les sapeurs-pompiers de la ville de Douai. M. Déprès était fils du célèbre avocat de ce nom, l'une des illustrations du barreau de Douai.

— M. Cavrois, ex-préposé payeur, fut nommé percepteur des contributions directes, en remplacement de M. Thévenin.

10 avril. — Mort de M. Delegorgue. Ce magistrat était, avant la révolution, avocat au conseil d'Artois. Il fut depuis successivement administrateur du département du Pas-de-Calais, substitut du procureur-général près la Cour de Douai. Il avait été nommé conseiller près la même Cour en 1811.

13. — M. le doyen de Saint-Pierre posa avec solennité la première pierre de l'église que les religieuses carmélites de la rue de l'Abbaye-de-Paix faisaient construire dans l'intérieur de leur couvent.

16. — MM. Déprès-Allard, juge de paix; Leroux de Bretagne, conseiller à la Cour royale, et Preux, substitut du procureur du roi, furent nommés membres du conseil municipal de Douai.

19. — Ouverture de la session des assises du Nord, pour le 2e trimestre 1830, sous la présidence de M. le conseiller Leroux de Bretagne.

9 mai. — Par ordonnance royale dudit jour, M. Preux,

substitut près le tribunal de première instance de Douai, fut nommé substitut de M. le procureur-général près la Cour royale séant en cette ville, en remplacement de M. Bruys des Gardes, appelé aux fonctions de conseiller.

10. — Mourut à Douai M. Becquet, conseiller honoraire à la Cour royale de Douai.

11. — La cour royale, en son audience de ce jour, admet à la profession d'avocat M. de Coussemaker, né à Bailleul en 1806.

12. — Mort de M. Guillaume, ancien lieutenant-colonel de cuirassiers, officier de la Légion-d'Honneur. M. Guillaume avait fait toutes les campagnes de la révolution et de l'empire.

16. — Ledit jour, la première chambre de la Cour royale reçut le serment de M. Pley, nommé substitut du procureur du roi près le tribunal de première instance de Douai, et celui de M. Devinck, nommé substitut du procureur du roi près le tribunal de Cambrai.

19 juin. — On eut connaissance à Douai de la dépêche télégraphique qui annonçait le débarquement de l'armée française sur la côte d'Alger.

25. — Le collège électoral de Douai élut au premier tour de scrutin M. de Montozon, *candidat constitutionnel*. M. Durand d'Elcourt, son compétiteur, fut élu député par le collège départemental.

10 *juillet*. — VEILLE DE LA FÊTE COMMUNALE. — Le canon et la cloche du beffroi annoncèrent aux habitans de Douai la prise d'Alger. L'administration municipale, précédée de la musique de la garde nationale et de la compagnie de sapeurs-pompiers, proclama cette heureuse nouvelle, qui se répandit aussitôt dans les quartiers de la ville; partout elle fut accueillie aux cris de : *Vive le roi !* et au milieu des marques de la plus vive allégresse ; dans la soirée, les édifices publics et beaucoup de maisons particulières, décorées de drapeaux blancs, furent illuminés.

18. — *Te Deum* en actions de grâces de la prise d'Alger, chanté en l'église St-Pierre, à l'issue des vêpres. La Cour royale, en robes rouges, et les autorités

civiles et militaires assistèrent à cette cérémonie.

30. — Proclamation du maire de la ville de Douai, concernant les événemens arrivés dans la capitale, par suite des ordonnances royales du 25 juillet.

31. — Arrêté de M. le maire de Douai, concernant la remise en activité de la garde nationale.

2 *août*. — Les armoiries royales posées aux portes des notaires et à celles des débitans de tabac furent brisées ou effacées par le peuple.

— Au moment où on arborait le drapeau tricolore, M. Bois, dont la demeure était en face de l'Hôtel-de-Ville, tomba mort à l'instant. M. Bois était le beau-frère du brave général Delcambre.

— L'autorité municipale proclama le soir dudit jour, au son des cloches et du carillon du beffroi, Louis-Philippe d'Orléans lieutenant-général du royaume.

3. — Les troupes de la garnison de Douai arborent la cocarde tricolore.

7. — Les événemens politiques de l'époque préoccupant trop l'esprit des jeunes gens pour qu'il leur fût possible de donner aux leçons de leurs maîtres l'attention nécessaire pour en profiter, l'autorité jugea nécessaire d'avancer cette année les vacances de notre collége.

11. — L'autorité municipale, escortée par la compagnie de sapeurs-pompiers et par les officiers et la musique de la garde nationale, parcourut la ville suivie d'une foule nombreuse de citoyens, et proclama Louis-Philippe Ier roi des Français.

12. — Les officiers de la garde nationale de Douai se réunirent pour élire leurs officiers supérieurs et d'état-major. Voici le résultat de ces élections :

M. Vincent-Lachez, colonel ; MM. Roty et Desmons, chefs de bataillon ; MM. Boutique et Digard, adjudans-majors.

Canonniers sédentaires. — MM. Cogère, chevalier de

la Légion-d'Honneur, capitaine ; Dupont, lieutenant ; Gruyelle et Demory, lieutenans en second.

15. — Le jour de l'Assomption, les cérémonies religieuses n'eurent pas lieu extérieurement comme précédemment ; les autorités avaient été convoquées pour y assister ; mais elles reçurent contre-ordre. La veille la cloche et le carillon du beffroi avaient annoncé la solennité.

Le même jour, au spectacle, on chanta la *Marseillaise*.

— Une révolte se manifesta dans la prison de St-Vaast. Les prisonniers ayant entendu dire que des maisons d'arrêt avaient été forcées, voulurent essayer de recouvrer leur liberté; mais l'autorité ayant été prévenue à tems, vint mettre fin au désordre. On doit des éloges à la prudence et au sang-froid que MM. de Warenghien, maire de Douai, et de Ternas, adjoint, ont montré dans cette circonstance.

— M. Durand d'Elcourt donne sa démission comme membre de la chambre des députés.

19.—M. Farez, avocat à Cambrai, ancien député et ancien magistrat, est nommé procureur-général près la Cour royale de Douai, en remplacement de M. Dubar.

— M. Germeau fut nommé sous-préfet de Douai, en remplacement de M. Becquet de Mégille.

—M. le colonel de Reyniac fut nommé commandant de la place de Douai, en remplacement de M. le colonel de Brécy, admis à faire valoir ses droits à la retraite.

—M. Auguste de Guerne fut nommé maire de Douai en remplacement de M. de Warenghien.

26.—La députation chargée d'aller présenter au roi les hommages de la ville de Douai, partit cedit jour pour Paris ; elle se composait de MM. de Guerne, nommé maire de Douai ; Lenglet, doyen des présidens de la Cour royale; Delecroix, premier adjoint au maire; Vincent, colonel de la garde nationale, et Hurez-Villox, négociant.

30. — Eut lieu dans la commune de Lambres une

cérémonie religieuse assez rare en ce pays. L'on réin-
huma dans un caveau pratiqué sous un monument élevé
à cet effet, à l'endroit connu sous le nom de la
Brayelles, les restes de M. Honoré du Quennelet, ancien
capitaine au régiment de Flandre, décédé à Paris le
13 août précédent. Ses dépouilles mortelles, d'abord
inhumées au cimetière de Montmartre, furent trans-
portées à Lambres par les soins de l'administration des
pompes funèbres de Paris.

31.—La musique de la garde nationale alla exécuter
quelques airs patriotiques et des symphonies devant
les hôtels de MM. Farez, procureur-général, Germeau,
sous-préfet, et de Reyniac, commandant d'armes.

—Le même jour la Cour royale, assemblée en audience solennelle, ayant à sa tête M. Deforest de Qart-
deville, procéda à l'installation de M. Farez, nommé
procureur-général près la Cour. M. Lambert, prononça
le discours. Ces formalités remplies, M. le procureur-
général prit place au milieu des membres du parquet et
prononça lui-même un discours qui produisit une pro-
fonde impression sur l'auditoire *.

—*Réponse du roi à la députation de la ville de Douai :*
— « Je me rappelle avec une vive émotion l'accueil qui
m'a été fait à Douai en 1815, à une époque bien triste,
bien malheureuse. J'y ai manifesté les sentimens que
je portais à ma patrie, sans m'écarter d'aucun de mes
devoirs. Telle a été la règle constante de ma conduite,
dans l'adversité comme dans la prospérité. Appelé par
la nation à remplir une mission difficile, j'ai à cœur de
justifier son attente, de la faire jouir, en assurant le
règne des lois et le maintien des libertés publiques,
l'indépendance au-dehors et la tranquillité au-dedans.

» C'est dans vos contrées que j'ai commencé à servir;
j'aurai bien du plaisir à les revoir; je vous prie d'en
donner l'assurance à vos concitoyens. »

7 *septembre.* — L'installation de M. A. de Guerne et
Gantois-Dervaux, le premier comme maire et le second
comme adjoint de la ville de Douai, eut lieu ce jour, à

---

* Voir la *Feuille de Douai*, jeudi 2 septembre 1830.

midi, dans la grande salle de l'Hôtel-de-Ville, en présence d'une réunion considérable de fonctionnaires publics et de citoyens de toutes classes. M. Germeau, sous-préfet, requit la lecture des ordonnances de nomination, et celle de la formule du serment, après laquelle MM. de Guerne et Gantois dirent : JE LE JURE.

A cinq heures du soir, M. le maire de Douai réunit, dans un banquet splendide à l'Hôtel-de-Ville, les différens chefs des corps judiciaires, administratifs et militaires, ainsi que les membres du corps municipal. La salle aux glaces avait été décorée avec autant de goût que d'élégance. Les bustes des grands citoyens, des personnages célèbres de la cité, des drapeaux tricolores, des écus portant des inscriptions patriotiques, décoraient la salle.

10. — La Cour royale de Douai se réunit ce jour en audience solennelle et publique, pour prêter le nouveau serment requis par la loi du 31 août précédent.

Après la lecture de cette loi et l'ordonnance du même jour, M. Deforest de Quartdeville, premier président, rappela, dans une allocution pleine de franchise et d'énergie, toute la sainteté du serment. « Ce serment, dit ce vénérable magistrat, nous allons le prêter sans restriction, sans arrière-pensée, réserves qui seraient d'ailleurs indignes d'un magistrat français. » M. le premier président se leva alors et dit d'une voix ferme et sonore : « Je jure fidélité au roi des Français, obéissance à la Charte constitutionnelle et aux lois du royaume. »

M. Farez, procureur-général ; MM. les avocats-généraux, substituts, greffier en chef et greffiers d'audience répétèrent immédiatement le serment.

Sur la réquisition du procureur-général, MM. les conseillers et conseilers-auditeurs, se levant successivement à l'appel de leur nom, fait par le greffier en chef, et à la suite de la lecture qu'il avait donnée de la formule ci-dessus, prononcèrent ces mots : JE LE JURE. MM. les avoués prêtèrent ensuite le même serment.

M. le premier président termina la séance en donnant connaissance des délégations faites par la Cour à divers magistrats pour recevoir le serment des membres des tribunaux civils et de commerce du ressort.

Une foule considérable assistait à cette cérémonie vraiment imposante. Tous les magistrats de la Cour étaient présents, si l'on en excepte M. Degouves de Nuncques, retenu à Paris comme membre de la chambre des députés, et qui en cette qualité avait déjà prêté serment au nouveau gouvernement.

— Remise à la mairie des armes et effets d'équipement de l'ancienne garde nationale.

12. — Toutes les troupes composant la garnison de Douai se réunirent sur la place d'Armes après la messe militaire, et prêtèrent serment à Louis-Philippe, roi des Français, en présence de M. le maréchal-de-camp Filhol, baron de Camas, commandant en chef l'école d'artillerie.

21. — Mort de M. Nepveur, né à St-Omer en 1764. M. Nepveur avait été reçu avocat au Parlement de Flandre en 1786, et depuis 1819 il était greffier du tribunal de première instance à Douai.

— M. Bourseul, libraire, ancien officier, fut nommé adjudant-major de la garde nationale de Douai, en remplacement de M. Digard, promu au grade de chef de bataillon.

4 octobre. — Par ordonnance royale de ce jour, M. Dumoulin, ancien conseiller à la Cour royale de Douai et ancien député, fut nommé conseiller en la même Cour, en remplacement de M. Denuncques, appelé à la Cour royale de Paris.

M. Dumoulin représenta le département du Nord au corps législatif, et dans un temps de despotisme il sut conserver une espèce d'indépendance. Éloigné des affaires depuis 1815, cet honorable citoyen était resté fidèle à ses principes et à son amour pour la liberté. Sa carrière a été telle, que la révolution de 1830 l'a retrouvé pur comme celle de 1789, lorsqu'elle l'avait adopté.

18. — M. le recteur, à la tête des fonctionnaires de l'Académie et du collège royal, assista à la messe du St-Esprit qui est célébrée pour la rentrée des classes.

9

Notre jeunesse studieuse commença ses travaux de l'année scolaire par les compositions pour les prix, lesquelles avaient été ajournées par suite des événemens politiques du mois de juillet de cette année.

29. — Lettre pastorale de M. l'évêque de Cambrai aux curés de son diocèse, pour leur recommander la soumission au gouvernement, et leur enjoindre de prier pour le roi Louis-Philippe.

5 *novembre*. — M. Martin père, qui s'était rendu à Lille à cause des élections, fut frappé d'apoplexie dans la rue Comtesse, près du local où était assemblé le collège électoral. M. A. Desmoutiers le reçut dans ses bras, et son fils n'eut que le temps d'accourir pour recevoir son dernier adieu.

— Par arrêté du préfet du Nord, M. Escalier fut nommé médecin des prisons de Douai, en remplacement de M. Foulon.

— M. Martin est proclamé député par le collége électoral de Lille.

8. — Par ordonnance du roi dudit jour, M. Maloteau de Guerne, ancien président à la Cour royale de Douai, fut nommé président de chambre honoraire à la même cour ; M. Maurice, avocat à Avesnes, substitut du procureur du roi près le tribunal de 1ʳᵉ instance de Douai, en remplacement de M. Pley, appelé à remplir les fonctions de procureur du roi à Cambrai ; M. Danel, avocat à la Cour royale de Douai, juge-suppléant au tribunal civil de Douai, en remplacement de M. Caullet, démissionnaire pour refus de prestation de serment, et M. Minart, avocat, juge-suppléant au même tribunal, en remplacement de M. Wagrez jeune, démissionnaire.

13. — M. Belmas, évêque de Cambrai, fut nommé archevêque d'Avignon, mais le prélat supplia le roi de le laisser parmi nous, et il renonça aux honneurs et aux avantages de l'archiépiscopat pour rester l'un des successeurs de Fénélon.

14. — M. le comte de Saint-Aldegonde fit remettre à la Mairie du Nord un don de 6,000 fr. pour les indigens hors d'état de travailler.

3 *décembre.*—A dater de ce jour, les élèves de notre collége n'obéirent plus à la cloche, ils marchèrent au son du tambour.

6. — *Députation de la garde nationale de Douai, envoyée à Paris pour y recevoir des mains du roi le drapeau que S. M. accorda à l'arrondissement de Douai.* Voici les noms des membres désignés : MM. Roty, adjudant-général ; Digard et d'Azincourt, chefs de bataillon ; de Rombeault et Contrejean, capitaines ; Fuzier et Pinquet, lieutenans ; Lequeux, Danel et Desuède, sous-lieutenans ; Céret, sous-lieutenant-porte-drapeau ; Poncelet, sergent-major ; Mathis, Campion, Courtray et Quény-Becquet, sergens ; Gosse, brigadier ; Minart, Campion, Behague, Dubois, Coutelier, caporaux ; Auxœufs, sapeur-pompier ; Ducrocq, canonnier ; Honoré-Choque, Neuville, Fariniaux, Dupire fils, Nau-Lagache, Lestienne, Dubuisson, Bruneau, Robant, grenadiers ; Foulon et Pla, gardes à cheval.

La députation admise à l'audience du roi, M. Roty, adjudant-général, prit la parole et dit :

« Sire,

» Depuis long-temps nos cœurs éprouvent le besoin de contempler notre roi-citoyen. Aujourd'hui la concession d'un drapeau nous inspire un sentiment de reconnaissance qui n'a pas d'expression.

» Notre drapeau, sorti de votre palais, Sire, comme du sanctuaire de la royauté constitutionnelle, sera sacré pour nous. Il sera sacré par la légende impérissable que Votre Majesté y fit inscrire : *Liberté, ordre public* ; voilà en deux mots nos droits, nos devoirs, et le pacte d'ailliance digne, par sa simplicité, de la candeur et de la loyauté de Louis-Philippe et du peuple français. L'existence de la nation et du souverain est désormais impérissable, car une union aussi sainte est la dernière conquête de la civilisation sur les siècles de l'absolutisme ; l'esprit humain ne saurait aller au-delà dans la science du destin des peuples . . . .

. . . .

» S'il faut concourir à l'accomplissement des desseins de Votre Majesté pour l'honneur ou la défense de notre pays, la garde nationale de Douai offre le tribut d'un dévouement et d'une fidélité qui ne connaissent pas de sacrifices. »

Le roi invita M. Roty à lui remettre la copie de son discours, et s'approchant de la députation, prit la parole et répondit :

« Je me rappelle toujours avec plaisir les jours que j'ai passés dans votre ville à différentes époques ; je me rappelle surtout le séjour que j'y fis en 1815, au moment où j'allais quitter la France, et les témoignages d'affection que me prodiguèrent ses habitans ; je leur recommandai de se soumettre au nouveau gouvernement, de ne point ouvrir ses portes aux armées étrangères et de conserver ce boulevard de notre belle France.

» Lors de la bataille de Jemmapes, comme en 1815, j'avais dans le cœur les sentimens de liberté que j'ai pu développer en 1830 avec la plus grande satisfaction. »..... Puis prenant le drapeau sur lequel on lit d'un côté : *Liberté, ordre public*, et de l'autre : *Le roi à la garde nationale de Douai*; des mains de son fils le duc de Joinville, il ajouta : « Je remets ce drapeau avec confiance à la garde nationale de Douai ; ses sentimens patriotiques me sont connus ; chacun de vous le défendra, s'il le faut, jusqu'à son dernier soupir. J'y ai fait graver ma devise : *Liberté, ordre public*, qu'elle soit aussi la vôtre. »

MM. Martin et de Montozon, membres de la chambre des députés, et M. A. de Guerne, maire de Douai, accompagnaient la députation de la garde nationale, lorsqu'elle eût l'honneur d'être reçue par le roi.

9. — DOUAI. — Réception du drapeau donné par le roi à la garde nationale de Douai.

Vers onze heures du matin, les autorités civiles et militaires, la compagnie de sapeurs-pompiers, la garde nationale à pied et à cheval, les élèves de notre collége et les troupes composant la garnison, allèrent à la rencontre de la députation de notre brave et utile garde nationale, qui arrivait de Paris avec le nouveau drapeau. Cette députation, conduite triomphalement sur la place d'Armes, fut accueillie par les acclamations les plus vives. Pendant ces momens de plaisir et d'allégresse, la musique de la garde nationale et celle du 1er régiment d'artillerie, exécutaient des morceaux choisis, taudis que le carrillon du beffroy faisait entendre des airs nationaux. Immédiatement après, la milice citoyenne se forma en carré, et reçut son drapeau,

Le soir, un banquet patriotique fut offert à la députation par la garde nationale, dans une des salles de la Mairie. Me Allard, quartier-maître, versa au bureau de Bienfaisance 189 fr., produit de la quête faite en faveur des indigens, à l'issue de ce banquet.

15. — Le contingent à fournir par le département du Nord, d'après l'ordonnance dudit jour, qui appelait 80,000 hommes de la classe de 1830, était de 2,248 hommes. Sur ce nombre, l'arrondissement de Douai devait en fournir 216, qui furent répartis de la manière suivante : Arleux, 33, Donai-nord, 33, Douai-ouest, 32, Douai-sud, 38; Marchiennes, 28; Orchies, 42.

17. — M. le baron Méchin, préfet du Nord, visite les principaux établissemens publics de la ville de Douai.

26. — Dans la matirée, une femme de cinquante ans environ se présente dans une maison auprès du pont de Raches, et demanda la permission de s'y chauffer et de faire griller un morceau de pain, ce qu'on lui accorde aussitôt. Elle se chauffe, mange son pain, remercie son hôte et va se jeter à la rivière qui passe près de cette maison. On l'avait aperçue, on s'empresse de lui porter secours ; déjà elle avait cessé de vivre.

27. — Trois cents ouvriers arrivèrent de Paris pour être employés aux travaux de l'arsenal. Cet établissement employait alors plus de mille individus.

— Résultat des assises du 4e trimestre de 1830. — Présidence de M. Fougeroux de Campigneulles :

26 affaires furent soumises au jury; elles concernaient 44 individus.

1 condamné aux travaux forcés à perpétuité, avec flétrissure; 9 aux travaux forcés à temps, dont 3 avec

— 70 —

flétrissure ; 8 à la réclusion ; 7 à l'emprisonnement ; 18 acquittés ; 1 absous.

28. — D'après une ordonnance du roi dudit jour, le traitement du préfet du Nord est réduit à 32,000 fr., celui du secrétaire-général à 4,000 fr. et les frais d'administration à 53,099 fr.

31. — La veuve Bazin tomba dans la rivière, près du marché au Poisson. Les cris d'un grand nombre d'individus appelèrent le sieur Laurent Quéter, marchand poissonnier, au secours de cette malheureuse veuve, qui était déjà au milieu de la rivière et sur le point de périr, lorsque ledit Laurent Quéter, sans consulter la rigueur de la saison, se jeta à la nage et sauva par son courage la vie à cette infortunée.

MOUVEMENT DE LA POPULATION DE LA VILLE DE DOUAI, PENDANT L'ANNÉE 1830.

Naissances.

Garçons. 323
Filles. 324

Total. . . 647

Mariages.

Garçons et filles. 114
Garçons et veuves. 8
Veufs et filles. 17
Veufs et veuves. 4

Total. . . 143

Décès.

Garçons. 197
Hommes mariés. 80
Veufs. 40
Filles. 179
Femmes mariées. 54
Veuves. 56

Total. . . 606

1831.

5 *janvier.* — Par arrêté dudit jour, M. le maire de Douai nomma membres de la commission du musée MM. Duquesne-Dapsens et Tesse. M. Duquesne est l'un des fondateurs de ce bel établissement.

11. — Un des blessés des glorieuses journées de juillet, le sieur Cotte, carossier à Douai, était resté hors de la ville après la clôture des portes. Il essaya d'y rentrer en escaladant les murs vers le côté du Barlet, à l'endroit où s'exécutaient de grands travaux; mais l'obscurité de la nuit fut cause qu'il fit une chute, dans laquelle la blessure qu'il avait reçue à Paris s'ouvrit de nouveau. Il eût cependant le courage de se traîner jusqu'à son domicile, où il mourut presque en arrivant.

— Le préfet du Nord adresse à MM. les maires du département, une circulaire interprétative de la loi du 12 décembre précédent. Cette loi était relative aux crédits provisoires ouverts pour l'exercice de 1831.

En vertu de cette loi, le droit d'entrée sur les boissons fut supprimé dans les communes au-dessous de 4,000 âmes, le droit à la vente en détail ne fut plus perçu qu'à raison de 10 pour cent du prix de vente, et celui de fabrication des bières fut réduit, savoir : pour les bières fortes, à raison de 2 fr. 40 centimes en principal par hectolitre, et pour les petites à 60 centimes.

Les communes de l'arrondissement de Douai, qui par suite de cet article cessèrent d'être assujetties à la perception des droits d'entrée furent : Aniche, Fenain, Marchiennes, Orchies, Raimbeaucourt, Saméon, Somain, Arleux.

13. — Souscription en faveur des Polonais.

30. — Mort de M. Jean-Baptiste-César Paulée, membre du conseil municipal.

14. — On commença à répartir en cantonnemens, dans les environs de Douai, les six mille chevaux d'artillerie dont cette ville était le point central de réunion.

22 *février.* — Des ouvriers furent occupés dans les salles de la Cour royale de Douai à enlever les fleurs de lys dont étaient garnis les plafonds. Les draperies et

rideaux fleurdelysés disparurent également ; les statues et les tableaux représentant Louis XIV, Louis XV, Louis XVIII furent enlevés.

3 *mars.* — Le nommé Richard Lambert, natif de Beuvry, jeune homme d'une force herculéenne et d'une férocité heureusement peu commune, avait été condamné à la peine capitale le 30 décembre 1830, pour avoir : 1° assassiné avec préméditation, le 4 novembre 1829, le sieur François Henno et Marie-Anne Desin, sa femme, demeurant à Beuvry ; 2° pour avoir, à la suite de ce double assassinat, volé de l'argent et des bijoux ; 3° pour avoir mis le feu à la maison des victimes ; 4° pour avoir, le 22 mars 1830, assassiné avec préméditation la nommée Rosalie Thibaut, femme Biziaux, demeurant à Bouvignies, et avoir ensuite volé avec effraction de l'argent et des bijoux.

L'exécution de ce grand coupable eut lieu ce jour à onze heures du matin sur la place d'Armes, en présence d'une foule immense de spectateurs de la ville et des communes circonvoisines.

—M. le baron Méchin, préfet du Nord, vint présider à Douai le conseil de révision. M. le préfet fut reçu par les autorités locales à la porte de la ville.

4. — Par ordonnance de ce jour, M. le maréchal-de-camp de Rigny fut nommé commandant de la première subdivision de la 16e division militaire, en remplacement de M. le maréchal-de-camp baron Lahure, mis hors cadre.

11. — Par ordonnance du roi dudit jour, les personnes ci-après furent nommées membres du conseil de l'arrondissement de Douai :

MM. Martin, avocat et député ; Varlet (Gaspard) ; Lambert, avocat-général ; Houdart, de Villers-au-Tertre ; Josson, brasseur à Orchies ; Honoré, avocat ; Fiévet, de Masny ; Duquesne-Dapsens ; Paix (Antoine) ; Gantois-Dervaux.

15. — Le ministre de la guerre accepte l'offre faite par la *société de la Concorde*, à Douai, d'un hussard monté et équipé.

6 *avril*—Un cours quotidien de modelure fut ouvert à la mairie.

—Les officiers de la garde nationale de Douai, réunis dans une des salles de l'Hôtel-de-Ville, prêtèrent entre les mains de M. le maire le serment prescrit par la nouvelle loi. On remarquait parmi ces officiers M. Martin, député du Nord, et capitaine de la 10ᵉ compagnie.

18.—Ouverture des assises du 2ᵉ trimestre de 1831. Présidence de M. Debaillon.

18 *mai*. — Par décision ministérielle, M. Théodore Degouves de Nuncques fut nommé percepteur du 2ᵉ arrondissement de Douai, en remplacement de M. Lajolais.

28. — Un canonnier du 1ᵉʳ régiment d'artillerie à pied fut retiré de la Scarpe, où il s'était noyé par suite d'une partie de natation.

— Ordonnance du roi qui autorise l'acceptation du legs universel fait aux pauvres de la ville de Douai, par Mᵐᵉ veuve Tricart.

1ᵉʳ *juin*. — Un marchand charcutier se pendit dans son domicile, rue des Ecoles.

2. — La femme d'un ouvrier employé à l'arsenal mit fin à son existence en s'attachant une corde au cou.

5. — La procession de la Fête-Dieu eut lieu ce jour comme à l'ordinaire, mais on n'y remarqua aucun fonctionnaire public.

— *Exécution de la loi du 22 mars 1831. — Election de MM. les capitaines, lieutenans et sous-lieutenans de la garde nationale de Douai.—Séances des derniers jours du mois de mai et des premiers jours de juin.*

Sapeurs-pompiers. — MM. Desmarest (Dom.), capitaine ; Dislère père, lieutenant en premier ; Desmarest (Joseph), lieutenant en second ; Gibson, sous-lieutenant en premier ; Poliez (Valéry), sous-lieutenant en second.

Artillerie.—MM. Vanhedeghem, capitaine ; Dupont, lieutenant ; Letienne, sous-lieutenant.

10

1re *compagnie de grenadiers.*—MM. Honoré (Ad.), capitaine avocat ; Thouin, lieutenant ;Honoré (V) , sous-lieutenant en premier ; Milot , sous-lieutenant en second.

2e *compagnie.* — MM. Remy de Rombault, capitaine; Lequeux-Devinck , lieutenant ; Delorme , sous-lieutenant en premier ; Billet, sous-lieutenant en second.

3e *compagnie.*—MM. Lingrand, capitaine; Renversé père, lieutenant en premier; Varas, lieutenant en second ; Romain de Guerne, sous-lieutenant en premier; Campion , sous-lieutenant en second.

4e *compagnie.*—MM. Contrejean, capitaine ;Pinquet, lieutenant en premier ; Coqueau, lieutenant en second; Dieu , sous-lieutenant en premier; Lingrand (Joseph), sous-lieutenant en second.

5e *compagnie.*— MM. Minart, avocat, capitaine ; Simon, architecte, lieutenant ; Escaliez , docteur en médecine, sous-lieutenant en premier ; Poncelet, sous-lieutenant en second.

6e *compagnie.*—MM. Lermoyer, capitaine ; Courtray (Louis), lieutenant en premier; Poulain, lieutenant en second ; Cambier-Merlin , sous-lieutenant en premier ; Cambier-Duterque, sous-lieutenant en second.

7e *compagnie.* — MM. Eudes-Bonchez , capitaine ; Tarlier-Choque, lieutenant en premier ; Régulier-Dauphin, lieutenant en second; Lecamus , sous-lieutenant en premier ; Nau-Lagache, sous-lieutenant en second.

8e *compagnie.* — MM. Delval-Lhomme, capitaine en premier ; Stiévenart-Lasne, capitaine en second ; Postel (Ferdinand), lieutenant en premier ; Vigneron, lieutenant en second ; André-Poteau, sous-lieutenant en premier ; Remy de Campeau , sous-lieutenant en second.

9e *compagnie.* — MM. Grosdidier, capitaine; Danel (Jean-Baptiste, lieutenant en premier; Danel (Paul), avocat, lieutenant en second; Maurice, avocat, sous-lieutenant en premier ; Potiez (Alcide), sous-lieutenant en second.

10e *compagnie.* — MM. Anciaume, capitaine ; Leroy (Emile), avocat, lieutenant en premier ; Dorchies, fabricant d'huile , lieutenant en second ; Dronsard (Frédéric), sous-lieutenant en premier ; Dubreucque, brasseur , sous-lieutenant en second.

1re *compagnie de voltigeurs.* —MM. Fuzier, capitaine; Deuzy-Danel , lieutenant ; Dancoisne, sous-lieutenant.

2e *compagnie de voltigeurs.* — MM. Bourseul , capitaine; Poteau-Jacquart, lieutenant; Démory, sous-lieutenant.

Cavalerie. — MM. de Bouvet, lieutenant ; Delegorgue, sous-lieutenant.

Musique. — MM. Bommart (Anacharsis) , capitaine ; Baudouin aîné, chef de musique ; Biencourt, fourrier ; Lépollart, sergent.

18. — Cérémonie funèbre à St-Pierre , en mémoire des Français morts à Waterloo.

20. — Depuis plusieurs jours des bruits circulaient dans Douai sur les dispositions hostiles de quelques mal intentionnés; l'autorité faisait surveiller leurs démarches ; elle savait qu'ils avaient fixé au lundi 20 le jour de l'exécution de leurs projets de désordre. L'augmentation du prix du blé sur les marchés , avait obligé la municipalité à élever le prix du pain à compter de la veille du jour précité. Les perturbateurs trouvèrent dans cette mesure un prétexte à leurs désordres.

Le 21 , vers onze heures et demie du matin , une réunion d'une cinquantaine d'ouvriers , la plupart étrangers à la ville, remirent une lettre chez M. le maire, par laquelle ils demandaient avec menace que le prix du pain fût sur le champ diminué et dans laquelle ils annonçaient que si cette diminution n'avait pas lieu à cinq heures , ils pilleraient les magasins. L'autorité prit ses mesures : les postes furent doublés, des compagnies de garde nationale stationnèrent sur les places. Cependant , à sept heures du soir, au moment où les ouvriers sortent de l'arsenal, quelques groupes se formèrent vers l'esplanade , des propos infâmes furent tenus. Les perturbateurs s'avancèrent alors dans la rue des Wetz au nombre de soixante à soixante-dix et suivis d'environ deux à trois cents curieux ou curieuses ; ils prirent la rue des Malvaux, se dirigeant vers la

demeure de M. de Guerne. Les capitaines de voltigeurs
Bourseul et Fuzier, qui stationnaient sur la place St-
Jacques avec les deux compagnies de voltigeurs de la
garde nationale, ayant été instruits de leur marche,
s'avancèrent par la rue de la Charte, les atteignirent
au haut de la rue des Malvaux et leur barrèrent le passage.

Le capitaine, pour preuve de ses intentions pacifi-
ques, annonça qu'il allait lui-même remettre l'épée
dans le fourreau. Alors redoublèrent les vociférations
et les menaces. Ceux à qui il s'adressait déclarèrent
qu'ils voulaient passer outre. Le lieutenant de voltigeurs
Démory, qui s'était avancé vers la colonne pour l'engager à se disperser, fut saisi par cinq à six mutins; on le
prit à la gorge et on se disposait à le maltraiter lorsque
les compagnies s'approchèrent pour dégager le lieutenant. Des agitateurs lancèrent alors des pierres dont ils
s'étaient munis; mais ils furent bientôt repoussés, et
cinq ou six d'entre eux furent arrêtés.

Pendant que ces faits se passaient dans la rue des
Malvaux, d'autres malveillans cherchaient à porter le
trouble dans d'autres quartiers de la ville. Mais, grâce
à la belle conduite de la garde nationale, dès huit heures
du soir l'ordre fut rétabli partout.

6 *juillet*.—MM. de Montozon et Martin sont réélus
députés de l'arrondissement de Douai.

8. — Autorisation du legs de 500 fr. fait à l'église
Notre-Dame de Douai, par la veuve Raison.

— Mort de M. Foulon, licencié en médecine et
membre de plusieurs sociétés savantes.
C'est en partie à ses soins que la ville est redevable
de la formation et de la prospérité de son Jardin-des-
Plantes. Il y professait la botanique depuis de longues
années.

10. — Dans une parade brillante qui eut lieu sur la
place d'Armes, le 2ᵉ bataillon de notre garde nationale
reçut son drapeau des mains du préfet.

— L'exposition des produits de l'industrie eut lieu
cette année dans deux locaux différens : la première à

l'Hôtel-de-Ville, la seconde dans le local de la Société d'agriculture.

Cette année, soit à cause des malheurs des temps, soit par tout autre motif que nous ne pouvons justement apprécier, les offrandes déposées sur l'autel des arts furent moins nombreuses que de coutume.

14. — Distribution des prix à l'occasion de la fête communale. — Concours d'harmonie. — 1er *prix*, la musique de Valenciennes ; 2e *prix*, la musique de Cambrai.

17. — La garde nationale de Douai se réunit sur la place d'Armes, où elle reconnut, en présence de M. le maire de cette ville, les officiers, sous-officiers, caporaux et brigadiers nouvellement élus.

22. — Le conseil municipal de Douai vota une somme de 4,000 fr. pour les fêtes anniversaires des 27, 28 et 29 juillet. La majeure partie de cette somme devait être employée en secours aux indigens.

— Le roi fait don à la *Société des amis de l'industrie de Douai*, d'une somme de 300 fr. à titre d'encouragement.

24. — Une petite révolution eut lieu à Orchies. Tous les marchands et détailleurs se portèrent en tumulte à la salle où un marchand ambulant faisait vendre à l'encan des marchandises neuves. Celui qui recevait les enchères n'était ni notaire ni commissaire-priseur, mais seulement un jeune praticien de Douai. Les marchands patentés d'Orchies parvinrent à empêcher la vente, et se proposèrent de poursuivre juridiquement le praticien qui s'était ingéré de *bâtonner* publiquement dans la ville d'Orchies.

28. — Le 28, à onze heures du matin, au signal donné par la cloche du beffroi, tous les fonctionnaires réunis dans la grande salle de l'Hôtel-de-Ville se dirigèrent vers la place d'Armes. Une colonne de l'ordre *Pestum* y avait été élevée ; elle était surmontée d'une urne cinéraire. Le fût, découpé en spirale, représentait, à l'imitation de la colonne de la place Vendôme, les

faits et actions des mémorables journées ; sur les quatre faces du piédestal on lisait : 27 , 28 *et 29 juillet.* — *Aux héros des trois journées.* — *Aux martyrs de la liberté.* — *Hommage des Douaisiens.* — Quatre trophées d'armes garnissaient les coins de l'estrade, au-dessus de laquelle s'élevait la colonne.

La place était couverte des troupes de la garnison et de la garde nationale. Les fonctionnaires publics se rangèrent autour de la colonne, sur une plate-forme qui avait été ménagée, et là, M. Germeau, sous-préfet de l'arrondissement de Douai, prononça un discours dans lequel il récapitula les hauts faits des barricades immortelles.

8 *août.* — Départ de la garnison de Douai pour la Belgique.

13. — Circulaire adressée à MM. les évêques de France, pour les prévenir qu'ils ne recevraient pas cette année de lettre du roi, relativement à la cérémonie du 15 août, pour *le vœu de Louis XIII.* Les processions extérieures , dont l'usage avait été renouvelé, n'eurent pas lieu cette année.

— Le baron Amaury de Lagrange est nommé sous-directeur de l'arsenal de Douai.

22. — Circulaire du préfet contre le braconnage. Ce magistrat y rappelle les dispositions de la loi du 30 avril 1790, et du décret du 4 mai 1812.

27. — Par ordonnance du roi, M. le baron Peugnet fut nommé colonel , et M. Molière lieutenant-colonel de la garde nationale de Douai.

30. — Ordonnance royale qui nomme M. Stiévenard notaire à la résidence de Douai, en remplacement de M. Cœuret.

1er *septembre.* — Le préfet du Nord accorde à M. le docteur Lequien une médaille d'argent, à cause des nombreuses vaccinations qu'il a opérées en 1830.

10. — Une dame âgée de 117 ans, jouissant d'une bonne santé , se présente et se montre avec bonheur dans les principales maisons de Douai. A un âge assez avancé, elle était encore aubergiste au Mont-Cénis.

21. — Noms des artistes, fabricants et manufacturiers de Douai qui ont obtenu des récompenses pour les ouvrages qu'ils ont envoyés aux salon de l'exposition de cette ville :

BEAUX-ARTS.

Grande médaille d'argent.

M. Wallet, professeur de dessin.

Médaille de bronze.

M. Druelle (Erasme), peintre.

INDUSTRIE.

Médaille d'or.

MM. Malfait, Blot et Haudouart, filateurs.

Grande médaille d'argent.

M. Minart-Gonseaume, corroyeur.

Médailles d'argent.

MM. Lecq, serrurier; Leroy, chaudronnier; Paulée, fabricant de sucre; Rodez et Eudes-Bouhez, filateurs de lin.

Médailles de bronze.

MM. Bertrand, chaudronnier; Guyot, chef ouvrier d'état à l'arsenal; Hurez, relieur.

24. — Dans la séance des députés de ce jour, M. Larabit donna lecture d'une pétition de M. Dennetier-Legrain, de Douai, par laquelle il proposait des moyens d'assurer des subsistances au peuple. La commission prenant en considération l'importance de cette pétition et la sagesse qui y étaient présentées, proposa le renvoi au conseil des ministres.

28. — Une dépêche télégraphique annonça que le *choléra-morbus* avait paru à Calais.

3 *octobre*. — Concert donné par Mme Malibran et Bériot.

21. — Un individu soupçonné de vol fut arrêté et conduit à la maison d'arrêt, où il s'étrangla pendant la nuit en s'accrochant par son mouchoir à un barreau de sa prison.

22. — Arrivée à Douai des ducs d'Orléans et de Némours. Le princes descendirent à l'*Hôtel du Nord*, sur la Grand'Place. Ils quittèrent la ville le 24. M. le duc d'Orléans fit remettre à M. le Maire de Douai la somme de 600 fr., qui, suivant ses instructions, fut distribuée aux indigens.

26. — L'acteur Firmin, du théâtre Français, parut ce jour sur notre scène. La représentation se composait du *Tasse* et du *Jeune Mari*.

27. — Le sieur Schmitz, arrêté le 10 mai à Douai comme espion du gouvernement prussien, fut trouvé accroché par sa cravatte aux barreaux de sa fenêtre. Il devait passer aux assises.

30. — M. Piéron est nommé conseiller à la Cour royale de Douai.

3 *novembre*. — Rentrée solennelle de la Cour royale de Douai. Après avoir rendu hommage à la mémoire de M. de Valton, et félicité la Cour de l'acquisition qu'elle avait faite de MM. Piéron et Tailliar, M. le procureur-général Farez prononça un discours dont le texte était le *Respect des lois*.

3 *décembre*. — Installation du conseil municipal de Douai.

20. — Le conseil du département vote une somme de 36,000 fr. pour les travaux à faire dans la Vallée de la Scarpe.

21. — Mourut à Douai, où il avait fixé sa résidence, M. Ducellier, né à Bapaume, ex-commandant de Valenciennes, et général de brigade en retraite depuis 1815.

22. — Trois sangliers furent tués dans l'arrondissement de Douai. Depuis long-tems on ne rencontrait plus de ces animaux dans la contrée.

23. — Deux sous-officiers d'artillerie se battirent en duel dans les fortifications de la porte d'Ocre. L'un d'eux eût le ventre traversé par un coup de fleuret émouchété.

28. — Une ordonnance royale autorise l'acceptation du legs fait à l'Hôpital-Général de Douai, par Melle

Loyer, d'un hectare, 13 ares de terre, évalués à 5,000 fr. environ, et d'une rente de 125 fr. sur l'état.

29. — Ordonnance du roi de ce jour, qui autorise l'acceptation de la donation faite à l'Hôpital-Général de Douai, par M. de Warennes, de la nue-propriété de trois pièces de terre, évaluées ensemble à 500 fr. de revenu annuel.

1832.

1er *janvier.* — Budget ou état des recettes et dépenses de la ville de Douai, pour 1832.

Titre Ier. — Chapitre Ier.
Recettes extraordinaires. — Recettes municipales.

Reliquat des différentes recettes de l'exercice de 1829.	45708 04

Chapitre II.
Recettes municipales ordinaires.

Centimes addit. aux contrib^s. foncière et mobilière.	4250
Patentes.	3600
Amendes de police.	800
Maisons et usines comm^les, prix de ferme.	280
Pensions et rentes foncières non éteintes.	60
Rentes provenant des biens aliénés.	1302
Droit de passage, mesurage et jaugeage.	500
Produit brut de l'octroi.	245000
Droit de location des places aux halles.	1781
Idem aux foires et marchés.	800
Expédition des actes de l'état-civil.	70
Idem des actes administratifs.	20
Ferme des boues.	3705
Intérêts des fonds placés au trésor.	1000
Saisies et amendes d'octroi.	500

Location des flégards.	13
Elagage d'arbres.	200
Droits de magasinage. . . .	800
Indemnité pour cession de terrains. .	5000

Total des recettes ordinaires. .	369831
Total général des recettes. .	315539 04

TITRE II. — *Dépenses municipales ordinaires.*

CHAPITRE Ier.

Frais d'administration , traitemens.

Frais du bureau et employés de la Mairie, fixés à raison de 50 c. par habitant. .	9940
Timbre des registres de l'état-civil. (Suppl^t) .	1200
Traitement du receveur municipal. .	3000
Indemnité pour frais de bureau au même. .	800
Traitement des agens de police. . .	5000
Id. des gardes champêtres. .	1200
Id. de l'architecte et de son adj. .	2100
Id. des concierges. . .	1100
Id. du commiss. près le m. aux gr.	500
Dix pour cent du produit net de l'octroi.	21665
Frais de perception de l'octroi. . .	24100
Indemnité d'exercice pour ledit octroi. .	3500
Traitemens des égards aux vivres-grains.	600
Id. à la boucherie. . .	600
Répartition des amendes de police. .	800
Id. des amendes d'octroi. .	500
Frais de bureaux de justice de paix. .	150
Id. relatifs aux engagemens volontaires.	600
Id. du conseil des prud'hommes. . .	1000
Traitement du machiniste du spectacle.	300
Id. du pontonnier du pont St-Vaast.	200

Id.   du garde du cimetière commun.   150
Id.   d'un appariteur.   .   .   .   500

CHAPITRE, II.

Charges et entretien des biens communaux. — Dépenses
relatives à la salubrité, à la sûreté. — Grande et
petite voirie.

Contribution des biens communaux. .	200
Entretien de la maison commune. .	1200
Id. des horloges. . . .	670
Id. des pavés.	3000
Id. du méridien à double explosion.	130
Id. des promenades. . . .	1000
Id. des aqueducs, ponts, fontaines.	3000
Id. des autres propriétés commun.	8000
Id. des chemins vicinaux. . .	1200
Eclairage de la ville. . . .	15500
Pompes à incendies.	900
Indemnité aux pompiers municipaux. .	720
Dépense de la maison de police municipale.	200
Visite des fours et cheminées. . .	50
Traitement du médecin chargé de constater les décès.	800
Rente de quatre hectolitres de blé. .	100
Gages des quêteurs et frais du guet. .	1200
Entretien de la salle de spectacles. .	2000
Curage des canaux.	1000
Dépenses secrètes de police. . .	600
Champ pour l'équarrissage. . .	80
Balaiement des places. . . .	500
Assurance des bâtimens communaux. .	275
Reconnaissance du poids du blé et essai du pain.	150

Indemn. pour terrains cédés à la voie pub. 5000
Dépenses relatives à la surveillance et pro-
preté du champ de foire. . . 500

Total. . . 128680 20

CHAPITRE III.

Garde nationale et dépenses militaires.

Solde des tamb. et entretien de la musique. 2400
Entretien des caisses et des armes. . 200
Frais de bureau de la garde nationale. 1600
Dépenses du casernem. et d'occup. milit. 2000

CHAPITRE IV.

Secours aux établissemens de charité ; — pensions.

Fonds accordés aux hospices. . . 30000
Bureau de charité. . . . 10000
Pension de la sage-femme des indigentes. 200
Traitement des filles publiques dans la
maison de santé. . . . 1000
Bureau de vaccinations et de consult. grat. 200
Pension du sieur Dislère, empl. de l'octroi. 268
Pension du sieur Potiez, empl. de l'octroi. 480
Pension du sieur Bocquet, agent de police. 208
Pension du sieur Tellier , agent de police. 200
Pens. du sieur Crépieux, garde-champêtre. 108

Total. . . 197044 20

CHAPITRE V.

*Dépenses relatives à l'instruction publique et aux beaux-
arts.*

Entretien du Collége royal de Douai. . 1500
Bourses communales au collége de Douai. 3900
Instituteurs primaires. . . 200
Institutrices de la Providence. . . 4500

Entretien de la bibliothèque et du Musée,
achat de livres et de tableaux. . . 3000

Traitement du bibliothécaire. . . 1500

Id. du concierge de la biblioth. du Musée. 500

Ecoles municipales. 14000

Ecoles pour les filles d'artisans peu fortunés. 2400

Indemnité à la Société d'agriculture. . 1500

CHAPITRE VI.

Culte.

Logement des trois curés de Saint-Pierre,
Saint-Jacques et Notre-Dame. . . 2100

Traitement des vicaires de Saint-Jacques. 1000

Idem de Notre-Dame. . . . 1000

Idem de Saint-Pierre. . . . 500

Loyer de l'église Saint-Jacques. . . 800

CHAPITRE VII.

Fêtes publiques. 6000

Dépenses imprévues. 10000

Total des dépenses ordinaires. 251444 20

CHAPITRE Ier.

Frais extraordinaires d'administration.

Indemnité au directeur du spectacle. . 3000

Habillement des agens de police. . . 2400

Remboursement d'avance pour frais d'en-
registrement et de travaux non exécutés. 80

CHAPITRE II.

Travaux publics.

Achèvement de la route de Douai à Lille,
par Phalempin. 800

Amélioration de la route de Douai à St.-
Amand, par Marchiennes. . . 700

Amélioration de la route de Douai à Bapaume. 250

Complétement de la reconstruction du
pont St.-Vaast. 950
                                        ————
                                        8280

Chapitre III.
Secours extraordinaires.

Enfans abandonnés en 1832. . . 9950

Chapitre IV.
Instruction publique.

Acquisition de la maison de Mme veuve
Lachez, 2e quart. . . . , 11250

Intérêt pour le capital de idem. . . 1687

Chapitre V.

Secours à la paroisse Saint-Jacques. . 400

Chapitre VI.
Arriérés.

Travaux arriérés, 3e année. . . . 7602

Complém^t. des honoraires de l'architecte
pour 1828. 7481
                                        ————

Total des dépenses extraordinaires. 39243 84

Total général des dépenses. . . 290688 01

Récapitulation générale.

Recettes ordinaires et extraordinaires. . 315539 04

Dépenses ordinaires et extraordinaires. . 290688 01
                                                ————
Résultat en excédant. . 24851 03

19. — M. Desmons est nommé major de la garde
nationale de Douai; MM. Boutique et Wagrez adjudans-
majors; MM. Gelez chirurgien-major, et MM. Teste et
Maugin aides-majors.

4 *février.* — En exécution de la loi du 21 mars 1831,

le roi nomma maire de la ville de Douai, M. A. Maloteau de Guerne, et adjoints, MM. Delecroix et Gantois-
Dervaux.

28.—On retira de la Scarpe le corps d'un sergent
du 20e léger. Une lettre trouvée sur ce militaire
apprit que sa mort était le résultat d'un désespoir
amoureux.

1er *avril.*—Séance extraordinaire du conseil de salubrité de l'arrondissement de Douai, à l'occasion de
l'invasion du choléra à Paris, et de ses progrès dans
les pays environnans.

11.—Le conseil municipal vote une somme de vingt-
un mille francs pour être employée à prévenir ou à
combattre le choléra.

14.—Le choléra à Douai et aux environs.

15.—*Assassinat du sieur Tolmer, concierge de la prison
Saint-Vaast.*

Un individu, le nommé Leclerc, arrivé de la veille,
était à la cantine où il avait demandé de l'eau-de-vie.
Le concierge lui ayant dit qu'il en aurait à son tour, et
lorsqu'il aurait moins de monde qu'il en demandât.
Leclerc saisit le moment où Tolmer était retourné et
lui porta deux coups de couteau, dont l'un pénétra
dans les chairs et l'autre brisa le couteau qui porta
sur l'épine d'orsale. Tolmer succomba le 19 suivant des suites de ces blessures. Lorsque l'on annonça
la mort du malheureux concierge à son assassin, ah !
il est mort, dit-il, avec une froide cruauté ! Eh bien !
moi je ne mourrai pas encore de celle-là, car il n'y a
pas préméditation.

24. — Incendie au village de Dechy.

5 *mai.* — Plusieurs rassemblemens eurent lieu dans
nos villages contre les médecins chargés d'y soigner les
cholériques. En ville, le même aveuglement exista. Les
bruits les plus absurdes furent répandus contre le traitement de l'Hôtel-Dieu. Une scène scandaleuse s'en
suivit. Des individus, au nombre de 50 ou 60, se réunirent sur la place de l'Hôtel-Dieu, et guettèrent le
moment où la porte s'ouvrirait pour laisser passer quel-

ques cercueils ; ils s'emparèrent de l'un d'eux et l'ouvrirent en disant : « Vous allez voir comme on martyrise les pauvres gens. On les écorche pour faire des expériences. » Ils revinrent trois fois à la charge ; trois fois ils ouvrirent et refermèrent la bière.

18. — M. Gosson, chef de bataillon au 2ᵉ régiment d'infanterie légère en garnison à Douai, fut atteint du choléra et succomba dans la même journée à l'âge de 45 ans.

30. — Mort de M. Paulée père, un des plus riches propriétaires de Douai et du département.

2 *juin*. — Offrande de personnes charitables, déposée dans la caisse des secours par M. Carpentier, rédacteur de la *Feuille de Douai*, pour être distribuée aux veuves et aux orphelins victimes du choléra.

11. — Ce jour à neuf heures du soir, une petite fille exténuée de faim et de fatigue, gisait sur le pavé de la rue des Wetz. Sa mise propre semblait vouloir déguiser sa misère. Des voisins recueillirent cette malheureuse enfant dont la faiblesse était telle qu'elle ne pouvait parler. Enfin on sut qu'elle venait de Lille, à pied, par une pluie battante. Une petite fille de 12 ans, envoyée par sa pauvre mère pour voir une de ses tantes dont la fortune lui faisait espérer quelques secours ! On la conduisit chez sa parente, qui, bien loin d'avoir pitié d'une misère que des étrangers même comprirent assez pour lui donner un asile pendant la nuit, ne la reçut qu'avec colère, et de ces paroles méchantes qui décelaient chez cette dame un mauvais cœur, ou plutôt un défaut d'éducation. Tout en larmes, la petite malheureuse repartit pour Lille, n'emportant de sa tante que des injures pour sa mère et l'aumône de quelques personnes que la vue de cette enfant avait émues.

12. — Ordonnance du roi qui autorise le proviseur du collége royal de Douai à vendre aux enchères publiques, au nom et pour le compte de cet établissement, la maison de campagne *dite de Jérusalem*, et sise à Waziers, que ledit collége avait acquise en 1818.

27. — Total général des cholériques morts à Douai

et dans l'arrondissement, depuis l'invasion de la maladie (14 avril) jusqu'au jour précité, 1458.

A dater dudit jour, il ne fut plus donné de bulletin officiel du choléra dans notre arrondissement.

28. — Deux ouvriers employés à la démolition de l'église connue sous le nom des Bénédictins-Anglais, à Douai, tombèrent de la voûte qui s'écroula et ne purent survivre à leur chute.

12 *juillet*.—MM. Gazé, (Michel), sous-officier d'artillerie, et Darcy, soldat de la même arme, reçurent des médailles d'honneur pour le courage et le dévouement qu'ils avaient montré dans l'incendie qui avait eu lieu à Dechy. (24 avril.)

24.— Ordonnance du roi qui autorise l'acceptation du legs fait à l'Hôpital-Général de Douai par M. Sénéchal, de la moitié de tous ses biens, se composant d'objets mobiliers évalués à 2,000 francs environ.

10 *août*.— Mort de M. Rousseau, doyen-curé de la paroisse de St.-Pierre.

19 *septembre*. — Le tribunal correctionnel de Douai condamne à un mois de prison les dames Joséphine et Antoinette Armand, prévenues d'avoir facilité l'évasion de l'acteur de ce nom, accusé d'assassinat.

M. Semaille (Chrétien-Joseph-Casimir), né à Agny, arrondissement d'Arras, en 1790, doyen d'Avesnes, fut nommé ledit jour doyen-curé de la paroisse de St.-Pierre à Douai, en remplacement de M. Rousseau, décédé.

22.—Le conseil municipal de Douai forme la liste des individus qui devaient être portés sur le contrôle de la garde nationale mobile. Leur nombre s'éleva à 1,210.

On replace sur la face de l'obélisque de Denain qui regarde la route de Paris, ces deux vers qu'on lisait sur l'ancienne pyramide :

> « Regardez Dans Denain l'audacieux Villars,
> » Disputant le tonnerre à l'aigle des Césars. »

(*V*. 23 mai 1823.)

12

26.—M. Denisart est nommé greffier du tribunal de première instance séant à Douai, en remplacement de M. Legrand, démissionnaire.

7 *octobre.*—Ordonnance du roi du 7 octobre, bulletin 185, 1re section.—Les gages de l'exécuteur des arrêts criminels du département du Nord sont de 2,000 fr. par an, et ceux de son aide de 800 fr.

— Dans la nuit du 13 au 14 de ce mois, incendie dans la commune de Lallaing, près Douai; 9 maisons et 5 granges furent la proie des flammes.

23.— Mort de M. le conseiller Waymel.

1er *novembre.*— Mme Jacqueminot fait à l'Hôtel-Dieu de Douai une donation pour l'entretien de deux lits à l'usage des indigens.

—M. Bourriot, de Douai, capitaine-major au 4e escadron du train-des-parcs d'artillerie, fut nommé chef-d'escadron-commandant.

29—Mourut à l'âge de 78 ans M. Pierre-Antoine-Samuël Plouvain, ancien conseiller à la Gouvernance avant la révolution de 1789. M. Plouvain fut successivement après la suppression de cette compagnie, receveur de l'Hôpital-Général, juge au tribunal criminel du département du Nord, conseiller à la Cour d'appel, puis à la Cour impériale, enfin à la Cour royale de Douai. Long-temps il fit partie de l'administration des hospices et du conseil municipal. Il publia à des époques diverses : *Arrêts du Parlement de Flandre.—Souvenirs à l'usage des Habitans de Douai.—Notice sur les Offices du Parlement de Flandre. — Notice sur le Conseil Provincial d'Artois.*

Annaliste et chronologiste exact et laborieux, M. Plouvain laissa une grande quantité de matériaux précieux sur l'histoire du pays, et en particulier sur celle de la ville de Douai.

6 *décembre.* — Une petite fille de quatre ans fut laissée par sa mère dans une chambre, rue d'Ocre; le feu ayant pris à ses vêtemens, la petite malheureuse, malgré les secours que les voisins lui portèrent lorsqu'ils entendirent ses cris, mourut dans d'atroces souffrances.

18. — Par une circulaire dont l'objet mérite des éloges, M. le préfet du Nord demande aux maires des communes la situation des églises sous le rapport de l'art , et défend pour l'avenir que tout travail soit exécuté dans les édifices consacrés au culte autant qu'il n'ait été approuvé par une commission d'architecte ou d'antiquaires.

21. — Le capitaine Corbin est tué sous les murs de la citadellle d'Anvers. Cette officier d'un mérite distin - gué , avait épousé Mlle Justine Dronsart–d'Haubersart , de notre ville, et était beau–frère de M. le colonel d'artillerie Evain.

29. — M. Vanvincq, procureur du roi à Boulogne, est nommé conseiller à la Cour royale de Douai , en remplacement de M. Plouvain , décédé.

1833.

1er *janvier.* — Location par adjudication publique et aux enchères pour neuf années, du droit de pêche dans la rivière de la Scarpe, formant six lots ainsi qu'il suit, sur l'arrondissement de Douai :

1° De Courchelettes au fort de Scarpe;
2° Du fort de Scarpe au pont de Raches;
3° Du pont de Raches au pont de Lallaing;
4° Du pont de Lallaing au pont de Vred;
5° Du pont de Vred au pont de Marchiennes ;
6° Du pont de Marchiennes à la Baraque du Loup.

10. — Passage à Douai de S. la reine des Français, de Mme Adelaïde et des princesses Marie et Clémentine.

16. — Arrivée du roi à Douai. Un temps froid mais peu rigoureux favorisa ce jour l'entrée du roi dans nos murs. A quatre heures, le roi, suivi des princes , des maréchaux duc de Dalmatie et comte Gérard , et d'un nombreux et brillant état-major, arriva auprès des trophées militaires qu'on avait élevés en-deçà du faubourg Morel. Il y fut accueilli par les plus vives acclamations. M. le maire, accompagné de ses adjoints, des membres du conseil municipal et escorté d'un détachement de

notre garde nationale, y attendait S. M., qu'il complimenta et à qui il offrit les clefs de la ville. Le roi répondit au discours de M. de Guerne d'une manière extrêmement affectueuse.

Poursuivant sa route, S. M. s'arrêta à la première barrière de la place, où M. le colonel de Reyniac, commandant d'armes, vieux soldat de Jemmapes aussi, offrit à S. M. les clefs de la place et lui adressa un discours tout empreint de la loyauté et de la franchise d'un brave militaire. Le roi fit à ce discours une réponse pleine de bonté.

Au milieu des flots de citoyens de toutes les classes qui se pressaient pour contempler les traits des illustres voyageurs et des cris incessants de : *Vive le roi! vivent les princes!* Le roi arriva au magnifique hôtel du général Jacqueminot, demeure vraiment royale.

Aussitôt son arrivée, le roi voulut recevoir les autorités.

A sept heures du soir, un repas de quatrevingts couverts fut donné dans l'orangerie de l'hôtel que l'on avait décorée à cet effet, et pendant toute la durée du repas une musique militaire exécuta des airs patriotiques.

A huit heures et demie, le roi se rendit au spectacle accompagné des trois princes ses fils, des maréchaux duc de Dalmatie, président du conseil des ministres, comte Gérard, des généraux Neigre, Athalin, Gourgaud, Rottembourg, Zévort, etc. S. M. y resta environ une demie heure. A son arrivée et à sa sortie elle fut accueillie par des salves de : *Vive le roi! vivent les princes!*

Le jeudi 17, dès le matin, les troupes de la division Schramm et toutes celles appartenant à l'artillerie de Douai, firent leur entrée en ville et vinrent se ranger en bataille dans les rues des Wetz, St-Michel, Morel, St-Jacques, de la Madeleine et de Bellain ; les pièces et les caissons furent placés vers la porte de Paris.

A onze heures du matin, le roi, accompagné des ducs d'Orléans et de Nemours, du prince de Joinville, des maréchaux Soult et Gérard, suivi d'un état-major encore plus considérable et plus brillant que celui de la veille, sortit de l'hôtel du général Jacqueminot et parcourut à cheval toutes les lignes de troupes. Son affabilité constante, jointe à la dignité de ses manières, excitèrent sur son passage les plus vives acclamations. Arrivée sur la place, S. M. se posa avec sa suite devant l'hôtel du Dauphin pour distribuer aux braves de l'armée les récompenses qu'ils avaient si bien méritées au siége de la citadelle d'Anvers. Avant la distribution le roi adressa une allocution à ceux qu'il allait décorer, et il remit lui-même à chaque nouveau légionnaire la décoration en lui serrant la main. Après la distribution eut lieu le défilé qui dura près de deux heures.

Le roi visita ensuite nos diversé tablissemens. A l'arsenal S. M. trouva sur son passage le capitaine Balbedat, qui venait d'être décoré par elle et qui tenait par la main les deux jeunes fils du brave capitaine Corbin, tué dans sa batterie au siége d'Anvers. Le roi les embrassa à plusieurs reprises d'une façon vraiment paternelle et leur promit de s'intéresser à eux autant qu'il serait en son pouvoir.

Le roi se rendit encore au bal de l'Hôtel-de-Ville qu'il avait bien voulu accepter, et se retira avec ses fils et sa suite vers dix heures et demie.

18. — Vers huit heures et demie, S. M. la reine, accompagnée de Mme Adelaïde, sœur du roi, et des princesses Marie et Clémentine, arriva à Douai. La Cour royale en robes rouges, le tribunal civil, l'état-major, le clergé, représenté par le vénérable doyen de Saint-Jacques, furent successivement admis auprès de S. M.

De jeunes personnes eurent l'honneur d'offrir à la reine une corbeille de fleurs. Mlle de Guerne adressa une allocution à la reine.

Vers onze heures, le roi et toute la famille royale quittèrent nos murs pour se rendre à Péronne.

24. — Ce jour l'on vit arriver à Douai l'*apôtre saint-simonien*, M. Duguet. Il avait le sac au dos, le pantalon garance, gilet blanc, la tunique bleue, la barbe longue, une espèce d'étole couleur aurore croisée sur sa poitrine, etc., etc., enfin le costume complet *d'apô-*

tre *voyageur*. Cet apôtre, ancien avocat, nous quitta quelques jours après pour se rendre en Belgique, où il allait prêcher sa religion.

1er *février*. — Les deux anciens acteurs de l'Odéon, Armand et Marck-Delaval, condamnés à la peine de mort pour le fait de l'assassinat de la femme du premier, partirent de la prison de Douai pour Dunkerque, où ils devaient être exécutés.

2 *avril*. — Par ordonnance royale en date dudit jour, S. M. a autorisé la commission administrative des hospices de Douai, à accepter la donation faite à ces établissemens, par M. et Mme Deforest de Lewarde, pour la fondation de 10 lits.

11. — M. Lévesque, doyen de St.-Jacques, à Douai, est nommé chevalier de la Légion-d'Honneur.

16. — Sur les vives réclamations de M. le maire de Douai, l'allocation pour les enfans trouvés à la charge de la ville, qui était de 9,950 fr., fut réduite à 2,350 fr.

27 *juin*. — M. Delaville, auteur dramatique distingué et inspecteur-général des prisons, arrive à Douai.

30. — Un ouvrier travaillant dans le voisinage du champ de manœuvre, fut atteint d'une balle à la poitrine. Avis aux promeneurs.

6 *juillet*. — MM. Emile Leroy et Romain de Guerne, sont nommés membres de la commission de surveillance des prisons de Douai, en remplacement de MM. Lemaire de Marne et Bonnal, démissionnaires.

27. — *Troisième anniversaire des journées de juillet*. Les autorités assistèrent à un service funèbre qui fut célébré en l'église St.-Pierre, en commémoration des citoyens morts dans les journées de juillet 1830.
On éleva sur la Place de Douai, la colonne destinée à rappeler le souvenir des trois journées.

29. — Des drapeaux furent distribués aux bataillons cantonnaux de la garde nationale, sur la place d'Armes.

— Démolition de l'ancienne chapelle des chevaliers du Temple, située entre la porte Morel et la sortie des eaux. C'était le plus vieux monument de Donai, si on en excepte l'église Notre-Dame. Cette chapelle avait été bâtie en 1115 par Thierri d'Alsace, 15e comte de Flandre. Une pierre tumulaire fort remarquable fut transportée du Temple au Musée, et sur laquelle on lit cette inscription :

Chi gilt Simon de Thiennes, religieux de l'ospital Sainct Jehan de Jhrlm en son temps, commandeur de ville dieu en la montagne (montagne du Calvaire), et receveur d-l responssions du prieuré de France * *qui trépassa l'an mil.... le 11e jour du mois d'apvril. Priez pour lame...*

8 *août.* — M. Martin, membre de la chambre des députés, est nommé avocat-général à la Cour de cassation.

16. — M. Leroy, percepteur des contributions à Aniche, fit présent au Musée de Donai du portrait de M. le comte Primat, archevêque de Toulouse, et du sceau de ce prélat. Le tableau est sorti du pinceau de notre compatriote M. Hilaire Ledru.

M. Claude-François-Marie Primat, naquit à Lyon en 1746; il fut curé de la paroisse de St.-Jacques, à Donai, depuis 1786 jusqu'en 1791, où il fut nommé évêque du département du Nord. Nommé archevêque de Toulouse en 1802, il fut successivement élevé aux dignités de comte de l'empire et de sénateur. Il mourut à Villemur, où il était allé administrer le sacrement de confirmation.

24. — Distribution des prix aux artistes qui avaient exposé des objets d'art pendant la fête communale.

7 *septembre.* — M. Martin, avocat-général à la Cour de cassation, est réélu député par le collège électoral du 5e arrondissement du département du Nord.

22. — ÉVÉNEMENT DÉPLORABLE. — C'était un dimanche, vers dix heures et demie du matin, au moment où l'on célébrait la grand'messe à l'église paroissiale de Notre-Dame ; les fidèles entendirent tout à coup un bruit considérable et virent s'élever une poussière

---

* Redevance annuelle que chaque chevalier de Malte devait rendre à l'Ordre, pour les secours de la Terre Sainte.

épaisse : chacun s'émut, on se précipita hors de l'église, croyant que le vieux temple s'écroulait. Le malheur n'était point là heureusement encore ; mais dans le voisinage venait de se passer un affreux événement.

Le génie militaire faisait exécuter quelques travaux de terrassemens auprès de l'abreuvoir du Barlet, du côté de l'église. Là le rempart se trouvait taillé à pan perpendiculaire sans appui. Depuis plusieurs jours l'on y voyait un certain nombre d'enfans creuser le bas du terrain pour y chercher des ossemens. Ce dimanche, une vingtaine de ces enfans étaient encore occupés ou à faire ces recherches ou à satisfaire une curiosité naturelle à leur âge. Tout à coup un éboulement eut lieu et quinze enfans furent ensevelis sous une masse de terre. Des excavations existaient en cet endroit ; les malheureux y furent précipités et abîmés sous les décombres. Le factionnaire d'une prison voisine fut témoin de cet épouvantable malheur et appela du secours. Le bruit s'en répandit aussitôt par toute la ville, et ce fut un terrible spectacle de voir tous les parens qui n'avaient point en ce moment leurs enfans sous leurs yeux, courir les redemander à l'abîme. On se mit à déblayer les terres ; le pic ramena bientôt un de ces malheureux et on vit un père se précipiter sur lui et s'enfuir avec son enfant comme s'il eût ravi à la mort une de ses victimes. L'infortuné ! il ne rendit à une mère éplorée qu'un cadavre sans vie. Onze enfans eurent le même sort, quatre ne furent que plus ou moins blessés. Une réflexion pénible suivit naturellement ce désastre, c'est qu'une sentinelle eût suffi pour préserver d'un si grand malheur.

Voici les noms des enfans qui furent retirés morts des décombres :

Carpentier (Adolphe), âgé de 11 ans ; Duflos (Vic.), âgé de 8 ans ; Clabaut (Henri), 9 ans ; Clabaut (Aug.), 6 ans ; Dovilet (Jean-Baptiste), 10 ans ; Legère (Ferdinand), 11 ans ; Pépe (Alfred), 5 ans ; Barré (Alex.), 7 ans ; Lopez (François), 10 ans ; Lopez (Joseph), 5 ans ; Plaisant (Adolphe), 7 ans.

Plus de trois mille personnes assistèrent à la triste cérémonie funèbre célébrée pour les victimes.

— Par ordonnance du roi, M. Martin (du Nord), avocat-général à la Cour de cassation, est nommé chevalier de l'ordre royal de la Légion-d'Honneur.

25. — Etablissement d'une caisse d'épargne à Douai.

26 *octobre.* — M. L......, jeune homme depuis peu de temps établi dans notre ville, où il tenait un magasin de nouveautés assez important, avait eu avec une jeune fille de Cambrai des rapports dont les résultats étaient tels que le mariage était devenu indispensable.

Le frère de la demoiselle vint à Douai et pressa le jeune homme d'accomplir l'hymenée. Un refus amena une provocation et un duel. Tous deux se rendirent sur le terrain et firent choix du combat à l'épée. Au premier coup porté, les deux adversaires tombèrent percés, l'un vers le cou, l'autre à la poitrine. Ce dernier était M. L......, qui mourut sur-le-champ ; le premier, peu dangereusement blessé, fut retenu prisonnier.

8 *novembre.* — Mourut en la commune de Lallaing M. Nicolas-Joseph Scheffondt, baron Scalfort, maréchal-de-camp en retraite.

10 *décembre.* — M. A. Dubois, sous-intendant militaire-adjoint, fut nommé sous-intendant militaire de de 3e classe.

15. — Mort de M. Laurent Foucques. Cet honorable citoyen fut l'un des protecteurs des beaux-arts dans notre ville.

MOUVEMENT DE LA POPULATION DE DOUAI, D'APRÈS L'ÉTAT-CIVIL, PENDANT L'ANNÉE 1833.

Naissances.

Garçons.	351
Filles.	365
Total.	716

13

Mariages.

Garçons et filles. . . .	108
Garçons et veuves. . . .	12
Veufs et filles. . . .	14
Veufs et veuves. . . .	10
Total. . . .	144

Décès.

Au-dessous d'un an. . . .	87
D'un an à 5 ans. . . .	79
De 5 à 10 ans. . . .	26
De 10 à 20 ans. . . .	21
De 20 à 30 ans. . . .	84
De 30 à 40 ans. . . .	43
De 40 à 50 ans. . . .	40
De 50 à 60 ans. . . .	33
De 60 à 70 ans. . . .	48
De 70 à 80 ans. . . .	54
De 80 à 90 ans. . . .	24
Total. . .	538

1834.

11 *janvier*. — Pétition de 400 habitans de Douai, pour obtenir la création d'une caserne de cavalerie. (*Séance du conseil municipal de ce jour.*)

— La température fut si douce à cette phase de l'année 1834, que dans les jardins de la Société d'agriculture de Douai, on vit en fleurs *l'éphémère de Virginie*, des *pervanches*, *l'anémone printanière*, *l'anémone hépatique*, quelques *hellébores*, le *soucis des jardins* celui des champs, la *julienne printanière* et ses variétés, le *pavot d'Orient*, etc.

25. — Par ordonnance en date dudit jour, le roi

nomme M. Choque, avocat, notaire à Douai, en remplacement de M. Dancoisne, démissionnaire.

— Dans la nuit du 25 au 26, tout un quartier de la ville fut réveillé par des cris de guerre et des coups d'armes à feu ; le feu dura quelque temps et de toutes parts, on criait : « Arrête ! arrête ! » C'était une rixe qui s'engageait, vers les rues des Wetz et des Écoles, entre des douaniers et des contrebandiers. Quatre de ces derniers furent saisis et conduits en prison.

27. — On trouva le cadavre d'un brigadier du train d'artillerie, noyé dans les fossés de la porte Notre-Dame. Ce militaire avait disparu depuis le 5 de ce mois, et on le croyait déserteur.

30. — La Société centrale d'agriculture admet M. Coget, député, au nombre de ses membres correspondans.

31. — M. Pérez, conservateur des hypothèques à Douai, fut appelé à la résidence de Béfort.

8 février. — M. Paul Danel, avocat, fut nommé membre du comité consultatif gratuit des établissemens de charité de l'arrondissement.

9. — M. Piquet, curé de Flers et Lauwin-Planques nommé chanoine et archiprêtre de la cathédrale de' Cambrai, fut installé en cette double qualité ledit jour.

M. Destombes, curé de Pont-à-Marcq, remplaça M. Piquet à Flers.

12. — Un accident affreux eut lieu ce jour au Frais-Marais. Le nommé Sébé, jardinier de M. Leboucq, au moment où il poussait le battant d'une porte cochère pour la fermer, le battant se renversa et écrasa ce malheureux.

27. — Au théâtre de Douai, représentation de *Paul Ier*, drame historique en trois actes, arrangé pour la scène lyrique par M. Nutly, musique de MM. Luce, Lefebvre et Jules Bovery.

17 mars. — M. Duclerfays est nommé notaire à Douai, en remplacement de M. Foulon, démissionnaire.

— Installation de M. Tailliar, nommé conseiller en remplacement de M. Taffin, décédé.

26 *avril.* — Le conseil municipal, sur le rapport d'une commission, vote 2,500 fr. pour paver la rue du Champ-Fleury, éventuellement jusqu'au terrain où l'on projetait un abattoir, et pour établir un revers au pavé avec fil d'eau jusqu'à l'aqueduc de l'Abbaye-des-Prés.

29 *mai.* — Un enfant de l'Hôpital-Général fut submergé dans la Cunette, près la porte Notre-Dame, et retiré de l'eau presque immédiatement, donnant par quelques mouvemens encore quelques signes de vie. On se disposait à le transporter en toute hâte à l'hôpital, où des soins bien administrés l'eussent probablement rappelé à la vie, quand un agent de police, accouru sur le lieu de l'accident, s'opposa à ce transport, prétendant qu'il fallait attendre l'arrivée du commissaire, et fut soutenu dans son opposition par le chef du poste voisin.

Il importe que le public soit instruit qu'en pareil cas rien ne s'oppose au transport des submergés dans le lieu le plus convenable pour l'administration des secours, sans qu'il soit besoin d'attendre pour cela l'intervention de l'autorité. (Note communiquée par la Société médicale. — V. *Libéral du Nord*, 5 juin 1834).

23 *juin.* — Mort de M. Guilmot, bibliothécaire de la ville de Douai. M. Guilmot était un homme dont la modestie égalait la science. Ses qualités personnelles lui avaient concilié l'estime de ses concitoyens. Il consacra une partie de sa vie à l'étude de l'histoire de la contrée, laissa dans la ville des souvenirs de sympathie aux ames bienfaisantes, et de la reconnaissance aux personnes lettrées et laborieuses.

1er *juillet.* — Encore un suicide à enregistrer. Dans la matinée dudit jour, un maître tailleur de notre ville remet à son épouse une lettre pour qu'elle la porte à son adresse. La personne qui la reçoit la décachète, en fait la lecture, et apprend que l'auteur de cette lettre va se donner la mort. L'épouse désespérée se hâte de retourner chez elle, croyant arriver assez tôt pour arrêter son époux dans ce funeste projet; mais il était trop tard; le malheureux s'était tiré dans les bas-ventre un coup de pistolet auquel il n'a point survécu.

6 *juillet.* — Une exposition de l'industrie eut lieu à Douai, à l'occasion de la fête de cette ville.

— M. Duthillœul, membre de la Société des antiquaires de France, fut nommé bibliothécaire de la ville de Douai, aux appointemens de 1500 fr., en remplacement de M. Guilmot, décédé.

10. — M. Margat entreprit sa 47e expédition aérienne, dans la cour de la caserne d'Equerchin. Après être monté à une grande hauteur, l'aéronaute alla descendre à Hautrage (Hainaut). En sept-quarts d'heures il avait parcouru une distance de 14 lieues.

7 *août.* — A son passage à Douai, la musique du 9e léger exécuta sur la place d'Armes, plusieurs morceaux avec un aplomb et un ensemble admirables. Les amateurs et dilettanti (et l'on sait qu'il n'en manque pas à Douai), ne tardèrent pas à entourer l'orchestre militaire, et ne furent pas peu agréablement surpris du spectacle nouveau pour eux, de quelques soldats et enfans de troupe du 9e léger, transformés en artistes et exécutant les morceaux les plus difficiles.

10. — Un militaire du 11e d'artillerie se jette d'un 2e étage par une fenêtre dans la cour de la caserne, et meurt de ses blessures.

28. — Mgr. l'évêque de Cambrai retire de tous les couvens des Carmélites de son diocèse les aumôniers qui y étaient attachés. Ces maisons religieuses se trouvant par là frappées d'interdit, furent supprimées de fait. Les carmélites de Douai, dirigées par Mme la marquise de Reverseau, partirent aussitôt pour Bruges. Voici les motifs qui amenèrent cet acte de rigueur de la part du prélat.

Les dames carmélites avant d'être reçues dans le diocèse de Cambrai, avaient accepté et signé l'engagement :

1e De ne faire publiquement des vœux que pour cinq ans ;

2° De reconnaître l'ordinaire, c'est-à-dire l'évêque, pour leur supérieur, exclusivement à tout autre ;

3° De n'accepter des religieuses aucune donation entre-vifs d'une valeur excédant 10,000 francs ;

Que ces engagemens préalables étaient prescrits par les articles 13 et 17 du décret du 18 février 1809, et par les articles, 2, 3 et 5 de la loi du 24 mai 1825 ;

Qu'il était venu à la connaissance de Mgr. que les dames carmélites ne tenaient aucun compte de ces engagemens ;

Qu'enfin ces dames s'étant refusées à reconnaître l'autorité de l'évêque, qui avait cru devoir leur rappeler leurs promesses et les conditions auxquelles elles avaient été autorisées par le gouvernement et admises dans le diocèse, le prélat avait retiré l'aumônier et interdit la chapelle de leur couvent.

29. — M. Lagache (Louis), avocat, est nommé suppléant du juge de paix du canton-nord de Douai.

1er *septembre.* — La Cour royale de Douai décide que les notaires seuls ont le droit de procéder aux ventes d'avêties pendantes par racines.

11. — M. le baron Amaury de La Grange fait remettre au Musée un bocal contenant plusieurs reptiles et la série des monnaies ayant cours dans l'ancienne régence d'Alger.

— Un ancien aumônier de l'armée d'Afrique fait remettre au Musée un manuscrit autographe du dey d'Alger.

1er *octobre.* — Publication du roman intitulé : *Toussaint le Mulâtre*, par M. Antony-Thouret, de Douai.

18. — Mort de M. Lenglet, président à la Cour royale de Douai.

E. G. Lenglet, né à Arras en 1757, fut reçu avocat en 1781. Il avait partagé en 1789 les espérances qu'inspiraient à tous les français éclairés, les mots *liberté, constitution*, et avait exercé successivement à cette époque diverses fonctions administratives et judiciaires.

Après l'insurrection du 31 mai, M. Lenglet refusa de signer une adresse rédigée au nom de la Société populaire d'Arras, pour applaudir au triomphe de la montagne, et il développa publiquement les motifs de son refus.

En l'an VI, il fut nommé député du département du Pas-de-Calais.

A la journée de St.-Cloud, au moment où Bonaparte venait de disperser le conseil des Cinq-Cents, et annonçait à l'autre conseil une partie de ses projets, M. Lenglet réclama la constitution expirante. Deux mois après il signa son vote contre la constitution populaire. Il fut néanmoins nommé président au tribunal d'appel, fonctions qu'il n'a pas cessé d'exercer depuis.

L'honorable vie de M. Lenglet l'avait défendu en 1815; depuis, les délateurs n'ont rien pu contre lui, seulement ils avaient empêché qu'il ne reçut une récompense par lui bien méritée. Peu de tems après la révolution de juillet, il fut décoré de la croix de la Légion-d'Honneur.

M. Lenglet n'était pas seulement un magistrat intègre, éclairé et recommandable, il était encore écrivain distingué; voici les titres des ouvrages qu'il a publiés depuis 1787 :

Observations sur Montesquieu.
Essai sur la législation du mariage.
Introduction à l'Histoire ou recherches sur les dernières Révolutions du globe et sur les anciens peuples connus.

Il travaillait depuis long-temps à mettre la dernière main à un ouvrage important ayant pour titre : *Histoire de l'Europe et des colonies européennes, depuis 1763 jusqu'en 1814.* Les trois derniers volumes contiennent l'histoire de la révolution française, jusqu'à l'abdication de Napoléon.

M. Lenglet a publié en outre un grand nombre de brochures de circonstances.

25. — Le conseil municipal de Douai vote une somme de dix mille francs pour travaux d'embellissemens à exécuter au Musée de Douai.

13 *novembre.* — Vol avec effraction à l'église de Notre-Dame, évalué à une somme de six cents francs.

28 *décembre.* — Pendant la nuit, un militaire périt d'une manière bien malheureuse. En faction sur le rempart, il venait d'être relevé et suivait le caporal qui se rendait à un poste éloigné vers la porte Notre-Dame. Soit manque d'éclairage, soit imprudence, il s'écarta de sa route et tomba dans les fortifications.

30. — Un canonnier du 11e régiment d'artillerie, pris de boisson, tombe d'une croisée du quartier Saint-Sulpice, et se tue sur la place.

1835.

6 *janvier.* — Mort de M. d'Haubersart, président honoraire de la Cour royale de Douai. M. d'Haubersart avait exercé les fonctions de procureur impérial près le tribunal de Lille, et ensuite celle de premier avocat-général près la Cour royale de Douai.

10. — Mme Filipowicz, polonaise réfugiée, donna un concert à Douai ; elle fut secondée par MM. les amateurs de cette ville. Les journaux de Londres appelèrent Mme Filipowicz *Paganini en cotillon.*

10. — Par ordonnance royale dudit jour, M. Maloteau de Guerne (Auguste) est nommé maire de la ville de Douai ; MM. Delecroix et Bois sont nommés adjoints.

12. — Les journaux de Paris annoncent la mort de Melle Duchesnois (Rafin). Cette célèbre actrice, par sa naissance, appartenait au département du Nord.

19. — A onze heures du soir, le sieur Miaczinski, capitaine polonais, demeurant habituellement à Versailles, se précipita du balcon de la chambre qu'il occupait au 2e étage, à l'*Hôtel de Versailles*, à Douai. Il fut relevé par les hommes de garde du poste de la Place ; cet officier était arrivé à Douai le 14 dudit mois ; il se disait malade, et n'avait pris pour toute subsistance, pendant ce tems, que des rafraîchissemens.

En 1814, cet officier était capitaine au 19e régiment de ligne, sous l'empire.

— M. Gronnier est nommé membre de la commission des prisons de Douai, en remplacement de M. Dubois de Néhault, décédé.

22. — Encore un suicide ! — Ce jour on retire de la Scarpe le corps d'un jeune homme de Douai, qui s'y était jeté le matin.

24. — M. Michaud, officier au 10e régiment de ligne, connu par l'ouvrage qu'il a publié sur les coquilles

fossiles et fluviatiles faisant suite à Draparnaud, s'étant rendu aux vœux de l'administration du Musée, vint à Douai, où il s'y occupa sans relâche de revoir la riche collection de nos mollusques, pour faciliter l'établissement et la publication du catalogue. Ce savant conchyliologiste enrichit en outre l'établissement de plus de 300 espèces et de plusieurs genres rares qui lui manquaient encore.

29. — M. d'Azincourt est nommé colonel, et M. Mollier lieutenant-colonel de la garde nationale de Douai.

5 *février*. — La nommée Sophie, de Monchaux, qui se livrait à la pronostication, fut condamnée par le tribunal de police de Douai à cinq jours de prison, pour avoir annoncé, sur la vue d'un résidu de café, qu'un incendie aurait lieu à Raimbeaucourt, dans le délai de trois mois. Cette pronostication avait excité pendant plus de quinze jours une inquiétude générale parmi les nombreux industriels de cette commune.

7. — Les assises du département du Nord, pour le premier trimestre de cette année, furent closes ledit jour. Vingt-trois affaires comprenant 43 individus présents y furent jugées. — Résultat, 3 condamnés à la peine de mort ; 5 aux travaux forcés à perpétuité ; 4 aux travaux forcés à temps ; 5 à la réclusion ; 15 à l'emprisonnement ; 8 acquittés.

Un arrêt fut rendu par défaut contre un nommé Jean Artigues, marchand colporteur de livres. Cet individu était prévenu d'outrages à la morale publique et religieuse et aux bonnes mœurs, pour avoir étalé sur le champ de foire de la ville de Lille les ouvrages suivans :

Le Bon sens du curé Meslier ; les *Œuvres de Parny* ; *Œuvres badines de Piron* ; *Œuvres badines de Grécourt* ; et les *Bijoux indiscrets*, par Diderot. — Dans cette affaire, la Cour a condamné Artigues à un an de prison, 500 fr. d'amende, et elle a ordonné que les ouvrages saisis seraient mis au pilon, ainsi que ceux qui pourraient l'être ultérieurement.

10 *février*. — La grande propriété de feu M. Paulée, connue sous le nom de l'Abbaye-des-Prés, fut vendu ;

14

cent trente mille francs à M. Fleurquin , de Flines.

— Par arrêté de M. le ministre de l'intérieur, M. Leboucq de Ternas est nommé administrateur des hospices de Douai.

19. — M. Guilbert , capitaine retraité , est nommé chef de bataillon de la garde nationale de Douai.

26. — M. le maréchal-de-camp d'artillerie Marion, est nommé au commandement de l'école d'artillerie de Douai, en remplacement de M. le général Zévort, admis à la retraite.

6 *mars*. — Un arrêté de M. le maire établit les règles d'après lesquelles devaient être faites à Douai les concessions à perpétuité ou à temps de terrains pour sépultures particulières.

17. — Publication du programme des concours ouverts cette année par la loge de la *Parfaite-Union*, de Douai :

Economie Publique.

Une médaille au meilleur discours sur *l'Utilité des Caisses d'Epargne et de Prévoyance.*

Histoire de la Maçonnerie.

Une médaille à l'auteur du meilleur ouvrage sur *l'Etablissement de la Maçonnerie en Ecosse.*

Poésie.

Initiation du général Bonaparte, à la Maçonnerie, au pied des Pyramides d'Egypte.

20. — Ce jour , la Société philharmonique de Douai fit une perte vivement sentie dans la personne de M. Lefebvre, enlevé en moins de huit jours par une cruelle maladie.

21. — M. Carlier, de Douai, régent au collège communal de Dunkerque, est nommé inspecteur d'instruction primaire pour l'arrondissement de Douai.

23.—Ce jour une foule immense encombrait la salle de spectacles. On y représentait la *Tour de Nesle*. M. Louis Gruyelle, de Douai, âgé de 20 ans, remplissait le rôle de *Buridan.*

1er *avril.* — M. Lefebvre, desservant de Cuincy, près Douai, succède au curé de la paroisse de Saint-Nicolas, à Valenciennes.

4. — Par arrêté de M. le ministre de l'intérieur, M. Mellez père est nommé membre de la commission des prisons de Douai.

— M. Belmas, évêque de Cambrai, fait donation aux hôpitaux de cette ville d'une rente annuelle et perpétuelle de quatre mille francs, à charge de l'admission et de l'entretien à perpétuité de quatre vieillards, hommes ou femmes, dans l'Hôpital-Général de Cambrai.

29. — Les journaux de Paris annoncent avec éloge un nouvel ouvrage de M. Antony-Thouret. Il a pour titre : *Blanche de Saint-Simon, ou France et Bourgogne.*

30. — Mort de M. Maloteau, baron de Guerne, ancien président au Parlement de Flandre et à la Cour impériale de Douai, président honoraire à la Cour royale de la même ville.

— Les vieux proverbes sont toujours le fruit des vieilles expériences, et celui de : *Noël à son pignon et Pâques à son tison* vint se réaliser à cette phase de l'année 1835. On entrait dans la lune rousse et une déplorable recrudescence d'hiver vint paralyser en ce moment tous les efforts de la nature.

11 *mai.* — La chambre des députés vote un remboursement de 252,101 fr. à la famille Lesurque.

16. — Un arrêté municipal à la date de ce jour, établit un marché au pain qui se tiendra les lundi, mercredi et vendredi de chaque semaine, sur la place St.-Jacques, et les mardi, jeudi et samedi, sur la place St.-Amé.

20. — Le dôme de l'église de St.-Pierre est orné d'une effigie de la Vierge, exécutée par M. Bra.

25. — Réunion du conseil municipal ; l'ordre du jour était : Souscription pour le monument à élever à Melle Duchesnois. — Constructions sur la Scarpe non-navigable.

30. — Une femme de 30 ans, sourde et muette, avait disparu depuis trois ans de la commune d'Auchy où

elle avait sa famille, sans que l'on put savoir ce qu'elle
était devenue. Sa mère vint la reconnaître à Douai,
dans la prison St.-Vaast. Les réclamations et les recherches persévérantes de ses parens l'avaient fait retrouver dans une maison d'aliénés de Laval. D'après les
renseignemens que l'on obtint d'elle, en sortant d'un
village voisin de la commune d'Auchy, elle s'était
trompée de chemin, et d'erreurs en erreurs elle s'était
éloignée de près de 150 lieues de sa résidence. Ce fut
la scène la plus attendrissante que l'entrevue de cette
fille avec sa mère ; ses sons inarticulés avaient acquis
la puissance du langage pour manifester sa joie.

5 *juin*. — Le buste de notre compatriote, M. Guilmot, décédé bibliothécaire de la ville de Douai, est
offert au Musée par la famille de ce modeste et savant
bibliophile.

25. — Publication du premier volume de l'*Histoire
des Duels anciens et modernes*, par M. Fougeroux de
Campigneulles, conseiller à la Cour royale de Douai.

27. — A l'occasion de la fête de la Saint-Jean, la
loge de la *Parfaite-Union*, vote une somme de 25 fr.
en faveur des artilleurs de St.-Venant, qui avaient été
blessés le jour de la fête du Roi.

1ᵉʳ *juillet*. — M. Lavoix fils, nommé second commissaire de police de la ville de Douai, fut installé ledit
jour par M. le maire.

2. — M. Dupuis, expéditionnaire au greffe de la Cour
royale de Douai, est nommé commis-greffier en remplacement de M. Lavoix, appelé aux fonctions de commissaire de police de cette ville.

6. — La loge de la *Parfaite-Union* de Douai fait remettre une somme de 32 fr. 50 c. à la caisse d'épargne, en déclarant qu'elle entendait s'inscrire parmi les
fondateurs. Cette démarche est bien digne des généreux philantropes qui avaient offert une médaille à
l'auteur du meilleur mémoire sur *l'Utilité de la caisse
d'épargne*.

24. — La congrégation des Carmélites qui, l'année

précédente, était partie de Douai pour la Belgique, est remplacée par de nouvelles religieuses qui prirent possession de l'établissement de leurs devancières. (V. 28 août 1834).

12. — *Programme de la fête de Douai.* — Grande revue ; jeux d'arc, du tir à la cible horizontale ; exercices gymnastiques ; mât de cocagne (entre la porte d'entrée des eaux et le sas des Augustins), garni d'effets d'habillemens et de comestibles ; une timbale suspendue à sa couronne.—Conditions : On n'admettra à cet exercice que des individus qui seront munis d'un bon pantalon, soutenu par des bretelles, et d'une veste ronde ou gilet recouvrant le haut du corps.

La Mairie fournira une partie des effets nécessaires à ceux qui n'en auraient pas de convenables.

Dix-huit canards lancés à l'eau sur la Scarpe.... Celui qui en nageant aura pris le plus de canards, recevra un couvert d'argent, et celui qui en aura le plus après lui, une timbale d'argent.

A neuf heures du soir, bal dans la grand'salle de l'Hôtel-de-Ville ; exposition des objets d'art, fort riche et bien ordonnée ; concert.

Le plus beau temps favorisa cette fête de Gayant, et contribua à rendre le séjour de Douai fort agréable aux nombreux étrangers qui étaient venus nous visiter. Mais depuis le dimanche jusqu'au jeudi, l'on rencontra dans notre ville un certain nombre d'individus qui réclamaient toute la vigilance de la police ; et une tentative aussi ridicule que coupable, vint mécontenter le bon peuple de Douai ; des mains téméraires avaient voulu incendier le mannequin de GAYANT.

A l'Hôtel-de-Ville, des barbares osèrent rayer quelques-uns des tableaux de l'exposition, au moyen d'un canif.

29. — *Célébration de l'anniversaire de la révolution de juillet.* —A cette occasion, une distribution extraordinaire de secours fut faite aux indigens ; une colonne fut élevée sur la place d'Armes ; il y eut tir à la cible, courses de bagues, illumination et grande revue de la garde nationale et de la troupe de ligne.

— Une enquête eut lieu relativement à la tentative d'incendie qui avait été faite sur le mannequin de *Gayant*.

8 *août*. — Mandement de Mgr l'évêque de Cambrai, à l'occasion de l'attentat de Fieschi.

— Une adresse au Roi fut déposée dans les bureaux de la Mairie, où les habitans de Douai furent invités à venir la signer.

— La Cour royale de Douai vote une adresse au Roi à l'occasion de l'attentat du 28 juillet.

— Le tribunal de première Instance décide qu'il ne fera point d'adresse.

— M. Mancel, nommé sous-préfet de l'arrondissement de Douai, prend possession de l'hôtel de la sous-préfecture de cette ville.

— Une souscription est ouverte chez le concierge de la Mairie de Douai, pour élever un monument à la mémoire de notre illustre compatriote le maréchal Mortier.

28. — Le conseil municipal vote la dépense d'une somme de 1000 fr., pour l'achat du portrait de Jérôme Commelin, peint par notre jeune compatriote, M. Edmond Wagrez.

1ᵉʳ *septembre*. — Depuis ce jour, les trois bureaux de la la loterie royale de Douai, furent fermés par ordre de l'autorité.

6. — La ville de Douai avait été choisie pour le lieu de réunion du congrès européen; ce jour, à midi, la grosse cloche et le carillon du beffroi annoncèrent l'ouverture de la première session scientifique du nouvel aréopage, qui eut lieu à une heure précise dans la grand'salle de la Cour d'assises, au Palais de Justice.

Le soir, un banquet réunit tous les savans dans le réfectoire des Capucins. Cette seconde séance présenta la particularité la plus curieuse de cette journée : toute la vaisselle qui servit au repas avait été empruntée au Musée des antiquités de notre ville. Chaque couvert se composait d'une patère, d'une urne cinéraire et d'un lacrymatoire. Le vin fut servi dans des amphores que portaient des enfans vêtus à la romaine. Le punch fut allumé dans le magnifique trépied que possède notre Musée, lequel, dans l'opinion de nos savans, servait aux sacrifices de Bacchus.

12. — Une mort subite vint enlever à notre ville, et à l'âge de 67 ans, un citoyen recommandable dans la personne de M. Antoine Picquet, ancien sous-préfet de Courtray.

17. — Le gouvernement fait don à la ville de Douai du beau tableau de M. Schoppin, représentant la famille de Cenci. C'est aux instances réitérées et à la sollicitude pour le bien de la ville, de notre honorable député M. Martin (du Nord), que notre Musée est redevable de cette belle production.

18, — Mort de M. Potiez, commissaire de police. Dans l'exercice de ses délicates fonctions, M. Potiez sut se concilier l'estime générale. Conservateur du Jardin-des-Plantes, l'un des fondateurs du Musée, depuis quarante ans, il rendait à la ville les plus éminens services dans les fonctions gratuites et modestes qui lui avaient été confiées.

2 octobre. — Mort de M. Castille, ancien substitut du procureur-général.

20. — Il résulte du rapport fait par le préfet du Nord à l'ouverture de la session du conseil-général, que les travaux à exécuter dans la vallée de la Scarpe, devaient s'élever à plus de deux millions.

27. — Publication des *Petites Histoires des pays de Flandre et d'Artois*, par M. Duthilloeul, bibliothécaire de la ville de Douai.

3 novembre. — La Cour royale de Douai, en robes rouges, après avoir entendu la messe du St.-Esprit dans l'église paroissiale de Saint-Pierre, fit sa rentrée solennelle. M. le procureur-général Nepveur prononça le discours d'usage; il avait pris pour sujet : *Les devoirs du magistrat.*

20. — M. Armand, sous-intendant militaire à Douai, passe à la résidence de Maubeuge.

10 décembre. — Constitution du bureau de la Société

médicale de Douai, pour l'année 1836 ; président, M. Lequien ; secrétaire, M. A. Delannoy ; bibliothécaire-archiviste, M. Tesse ; trésorier, M. Maugin ; économe, M. Delannoy, pharmacien.

12. — Publication de l'ouvrage intitulé : *Bibliographie Douaisienne*, par M. Duthillœul, bibliothécaire de la ville de Douai.

25. — Par ordre de M. l'évêque de Cambrai, il n'y eût pas de messe de minuit cette année.

— Un journal du département du Nord nous donne le tableau suivant des crimes et délits constatés judiciairement dans le ressort de la Cour d'assises de Douai, pendant l'année 1834-35.

Nord.

Assassinats, 6 ; meurtres, 9 ; empoisonnement, 1 ; infanticides, 5 ; viols, 8 ; incendies, 45 ; vols, 181.

Pas-de-Calais.

Assassinats, 5 ; meurtre, 1 ; empoisonnement, 1 ; infanticide, 1 ; viol, 1 ; incendies, 37 ; vols, 202.

MOUVEMENT DE LA POPULATION DE LA VILLE DE DOUAI, PENDANT L'ANNÉE 1835.

Naissances.

Garçons.	334
Filles.	343
Total. . . .	647

Mariages.

Garçons et filles. . . .	100
Garçons et veuves. . . .	10
Veufs et filles.	15
Veufs et veuves. . . .	1
Total. . . ,	134

— 113 —

Décès.

Garçons. 248
Hommes mariés. . . . 59
Veufs. 41
Filles 201
Femmes mariées. . . . 64
Veuves. 61

Total. . . 644

ᵒᴶᴄ ☙ ᵒᴶᴄ ☙ ᵒᴶᵒ

1836.

14 janvier. — Le tribunal de première instance de Douai ayant juridiction commerciale, désigne la *Feuille de Douai*, pour les insertions, pendant l'année 1836, des extraits d'actes de société en nom collectif et en commandite, qui seraient passés dans l'arrondissement.

17. — Mort de Mme de Reyniac, épouse de M. le colonel commandant d'armes de la place de Douai.

22. — Le recteur de l'Académie de Douai écrit aux principaux des colléges du ressort de ladite Académie, pour leur demander des renseignemens sur l'état de l'instruction secondaire avant 1789.

— Ouverture des assises du 1er trimestre de 1836, sous la présidence de M. Leroux de Bretagne. MM. Enlart de Guémy et Gavelle, juges.
Depuis long-temps le rôle des assises n'avait été chargé d'autant de meurtres qu'à cette session.

29. — M. de Tournemine, colonel du 11e régiment d'artillerie, est nommé directeur d'artillerie à Alger.

— Le lieutenant-général d'artillerie Alix, qui long-tems habita Douai, meurt à l'âge de 68 ans. Il est auteur d'une *Théorie de la Terre.*

— M. Durant, maire de la ville de La Bassée, fait don à la bibliothèque publique de Douai, d'un bel exemplaire du grand ouvrage in-folio d'Abraham Ortellius, intitulé : *Théâtre de l'Univers.*

15

30. — Arrêté de M. le maire de Douai, ainsi conçu :

« Afin de laisser aux familles des personnes inhumées dans le cimetière actuel le tems de manifester leur volonté pendant la première année, à partir de ce jour, les parens seuls de ceux qui occupent des sépultures, seront admis à les acquérir. »

7 février. — Publication des rôles des contributions directes, pour l'année 1836.

Lesdits rôles s'élèvent, savoir : pour la contribution foncière, à . . . . 92,251 fr. 13 c.

Pour la contribution des portes et fenêtres, à 45,253 07

Pour la contribution personnelle et mobilière, à 67,839 95

Pour les patentes, à 39,874 05

9. — Une ordonnance royale nomme président de chambre à la Cour royale de Douai M. Lambert, avocat-général, en remplacement de M. Marescaille de Courcelles, démissionnaire. La même ordonnance confère à M. Sénéca, procureur du roi à Arras, les fonctions d'avocat-général à la même cour.

— Le conseil municipal décide qu'un abattoir sera construit sur le terrain du sieur Fleurquin (ancienne Abbaye-des-Prés).

22. — L'*assa fœtida*, fut mise en usage par certains individus dans une salle de ventes publiques de Douai, pour forcer les amateurs d'en sortir.

L'*assa fœtida* est une gomme résine qui se dissout rapidement dans le vinaigre et le jaune d'œuf. Il y a peu d'odeur aussi nauséabonde et aussi repoussante ; pendant long-temps cette drogue, qui nous vient d'Orient, était connue sous le nom de *stercus diaboli.*

27 mars. — A une parade qui eut lieu à Douai, sur la place d'Armes, le sieur Laurent Quéter, sapeur-pompier, si connu de tous les habitans de cette ville par ses nombreux traits de courage et d'humanité, reçut la croix de la Légion-d'Honneur, des mains du sous-préfet, délégué à cet effet par l'autorité supérieure.

Une fête populaire fut improvisée en l'honneur de Laurent Quéter, par ses camarades et ses voisins.

— 115 —

— Jusque-là notre ville, l'une des plus importantes du département du Nord, était privée, au grand regret des pauvres et des vrais amis de l'humanité, des soins et des travaux de la touchante milice de S.-Vincent de Paule. Quatre sœurs de Charité, destinées à visiter les pauvres et les malades à domicile, arrivèrent à Douai, appelées par un legs pieux et par l'administration.

2 *avril*. — Installation de M. Triboullet, comme directeur de la prison St.-Vaast.

— Publication d'un *Recueil de monnaies, médailles et jetons*, de MM. Dancoisne et Delannoy, de Douai.

16. — Le conseil municipal, dans sa séance de ce jour, élève la subvention théâtrale à la somme de 5,000 fr.

21. — Publication d'un *Recueil des arrêts de la Cour de Douai*, par M. E. L. Maniez.

22. — Règlement municipal concernant les bannes établies sur la voie publique.

8. — M. le lieutenant-commandant la gendarmerie de Douai, remet au gendarme Paulet une médaille d'argent qui lui avait été décernée par le ministre de l'intérieur, pour avoir, le 24 juillet précédent, sauvé au péril de sa vie deux jeunes gens de cette ville sur le point de se noyer. Cette remise eut lieu devant toutes les brigades assemblées, auxquelles M. Jaussons fit une allocution qui fut accueillie par le cri de : *Vive le roi !*

— Le 11e régiment d'artillerie perdit M. Thévenot, un de ses bons officiers, enlevé par une mort imprévue à l'âge de 27 ans.

10 *mai*. — Un ancien compagnon d'armes de notre compatriote le général Durut, M. V. E. Mouthon, à cette époque major au 60e régiment de ligne, eût l'heureuse idée de réunir les glorieux faits d'armes dont il avait été le témoin à côté de son général, et d'en offrir le recueil à la ville de Douai. En livrant son ouvrage à la publicité, cet officier ne fut pas seulement utile à la mémoire d'un brave militaire que la ville est fière de compter parmi ses enfans, il fit encore une bonne ac-

tion; car le produit de la vente de son livre fut consacré à l'établissement de la salle d'asile de Douai.

22. — Vers sept heures du soir, un ballon descendit à Denain, près de la ferme du sieur François Baillet, cultivateur audit lieu, à la distance de 160 pieds de ses meules, contenant la récolte de l'année.

26. — M. Jouggla, ancien vétérinaire en chef au 5ᵉ escadron du train, est nommé vétérinaire de l'arrondissement de Douai, en remplacement de M. Tressignies, démissionnaire.

28. — Ce jour, la magistrature, les lettres et la société firent une perte irréparable dans la personne de M. de Campigneulles, conseiller à la Cour royale de Douai, qu'une mort imprévue enleva à sa famille et à ses amis.

M. Alexandre-Maurice Fougeroux de Campigneulles, né au château de Campigneulles, dans l'Artois, en 1796, entra très-jeune dans la magistrature. A peine âgé de 22 ans, il remplissait déjà les importantes fonctions du ministère public près le siége de Montreuil. Ses talens l'y firent remarquer et fixèrent sur lui les regards du vénérable chef du parquet d'alors, M. le baron Blanquart de Bailleul, qui le choisit en 1821, pour l'un de ses substituts à la cour. Le zèle et la capacité dont il fit preuve dans l'accomplissement de ses nouveaux devoirs, méritaient une récompense qu'il obtint bientôt. En 1826, sous l'administration de M. de Peyronnet, une charge de conseiller devenue vacante lui fut conférée. Appelé très-fréquemment, en cette qualité, à présider les assises du Nord et du Pas-de-Calais, sa réputation de magistrat intègre et éclairé ne fit que s'accroître et semblait le destiner à un poste plus élevé encore..........

La Société d'agriculture l'avait admis dans son sein dès son arrivée à Douai. Il en était un des membres les plus assidus et les plus laborieux. On lui doit plusieurs ouvrages : 1° *Code de Chasse* ; 2° *Histoire des Duels*. Cet ouvrage, plein d'érudition et qui révèle une multitude de faits très curieux, est le fruit de plusieurs années de recherches et de travaux ; 3° des mé-

moires sur diverses questions de littérature et d'antiquités, dont plusieurs ont été couronnés par des sociétés savantes.

2 *juin*. — Une instruction adressée par M. le préfet
du Nord à MM. les sous-préfets et maires du département s'occupe de l'exécution de l'art. 9 de la loi du 21
mai 1836, lequel porte ce qui suit : « Les chemins
» vicinaux pourront, selon leur importance, être décla-
» rés chemins vicinaux de grande communication, par
» le conseil-général sur l'avis des conseils municipaux,
» des conseils d'arrondissement et sur la proposition du
» préfet. »

4. — Location pour neuf années de la digue du
Godion, au Frais-Marais.

5. — PROCESSION DU SAINT-SACREMENT. — Un reposoir
décoré avec goût et magnificence, était érigé sur la
place d'Armes et fixa pendant la journée les regards de
la population.

8. — Recensement général de la population de la
ville de Douai.

10. — CRIME D'INFANTICIDE DANS LA COMMUNE DE FÉ-
NIN. — Une servante de ferme, étant accouchée dans
les champs, jeta son enfant dans un fossé. Elle revint
ensuite à la ferme et pria sa maîtresse de lui payer ses
gages, parce qu'elle voulait quitter son service. La dame
V.., soupçonnant l'accouchement de cette fille, différa
de lui compter ses gages, et prévint les autorités. La
malheureuse disparut du village.

13. — Liste des personnes qui ont obtenu des médailles, primes et mentions décernées par la Société
royale et centrale d'agriculture, sciences et arts du Nord,
dans sa séance publique dudit jour.

CONCOURS DE CHARRUES.

Médaille d'or.

M. Louis Cauchy, cultivateur à Planques.

Première médaille d'argent.

M. Rombaut, valet de charrue chez M. Leroux Duchâtelet, à Rœulx.

Deuxième médaille d'argent.

M. Delhaye, à Dorignies.

CONCOURS DE BESTIAUX.

Médaille d'or.

M. Bouteville, maire à Ornaing, pour la présentation du plus beau taureau.

Grande médaille d'argent.

M. Bazin, maire à Landas, pour la présentation de la plus belle vache.

Grande médaille d'argent.

M. Béhague, maire à Waziers, pour le plus beau bélier.

Mention honorable.

M. Dovilé, cultivateur à Montigny, pour un beau bélier.

CONCORS DE FRUITS.

Grande médaille d'argent.

M. Bigant père, propriétaire à Douai.

Médailles d'argent.

MM. Lecq et Mazure, jardiniers à Douai.

Médailles de bronze.

MM. Luce, maire à Courchelettes, et Mercier, jardinier à Douai.

CONCOURS D'HISTOIRE.

Médaille d'or.

M. Lebon, propriétaire à Haubourdin.

18. — Assises du troisième trimestre de 1836. — Présidence de M. Petit. — MM. Dubrulle et Dumoulin, conseillers, siégent en qualité de juges.

— La gendarmerie amena à la prison St-Vaast une fille d'environ 20 ans qui avait été trouvée gisant dans les champs., aux environs de Marchiennes; cette malheureuse créature , qui était dans un état d'idiotisme et portait la trace de mutilations , paraissait avoir vécu pendant plusieurs années errante et dans la condition sauvage. Les mots *ies*, *sir*, qui étaient les seuls qu'elle prononçât quelquefois, firent présumer qu'elle était anglaise.

20 *juin*. — Ce jour est décédé à Douai, à l'âge de 85 ans , M. Dupont, président à la Cour royale de Douai et chevalier de la Légion-d'Honneur.

— Dans la nuit du 20 au 21 de ce mois, des voleurs pénétrèrent dans l'église de Sin et y enlevèrent le ciboire.

25. — M. Lahure (Octave-Jules) , lieutenant classé au 13ᵉ régiment de chasseurs, et employé à la carte de France, fut nommé au tour de choix capitaine d'état-major.

7 *juillet*. — Adresse au roi à l'occasion de l'attentat d'Alibau.

8. — Un *Te Deum* est chanté en actions de grâces pour remercier le Tout-Puissant d'avoir conservé les jours de S. M. Louis-Philippe Iᵉʳ, roi des Français.

— La Société d'agriculture de Douai admet au nombre de ses membres résidans M. Delplanque, médecin-vétérinaire, en remplacement de M. de Campigneulles, décédé.

9. — Par ordonnance du ministre de l'intérieur, M. Adam fut nommé imprimeur à Douai, en remplacement de M. Wagrez aîné , démissionnaire.

19. — Le lieutenant-général Neigre arrive à Douai en service d'inspection de l'artillerie.

21. — Un opéra composé par M. Brovellio est unanimement accueilli par les artistes du théâtre de Bruxelles. Les paroles de cet ouvrage sont de M. Léon Nutly, littérateur aussi modeste que savant , dont les productions respirent du mouvement et de la chaleur.

24. — Fête donnée à Denain en commémoration de la bataille remportée par Villars.

26. — Un artiste de notre théâtre est condamné à un franc d'amende et aux frais, pour contravention

à l'arrêté du maire, qui défend aux acteurs d'adresser la parole au public.

— Circulaire du préfet du Nord, à l'occasion de l'anniversaire des journées de juillet.

27. — Cour d'assises. Affaire de *l'Émancipateur* de Cambrai et de la *Feuille de Douai*. — On remarque l'absence des ecclésiastiques du Nord. Une démarche avait été faite par M. le procureur-général près M. l'évêque de Cambrai pour obtenir qu'ils s'abstinssent de venir à la Cour d'assises, comme ils en avaient l'habitude.

— Une découverte importante eut lieu dans les mines d'Anzin. A 1,100 pieds de profondeur on trouva un palmier fossile. Cet arbre était debout et ses racines perçaient le sol à plusieurs pieds; son tronc avait environ 36 pouces de diamètre. Cet arbre fut transporté au cabinet d'histoire naturelle à Paris.

2 *août*. — Par ordonnance du roi dudit jour, est nommé conseiller à la Cour royale de Douai M. Leroy (de Falvy), avocat à la même Cour, en remplacement de M. Fougeroux de Campigneulles, décédé.

8. — Suicide au village. — Un jeune homme de la commune de Dechy est trouvé pendu dans une étable aux vaches dépendante de la maison qu'il habitait.

11. — Dans la séance publique tenue ce jour par l'Académie française, un prix de 4,000 fr. fut décerné à Laurent Quéter, demeurant à Douai. (V. 27 *mars*.)

26. — Un marchand de légumes de la commune de Sin, nommé Laurent, père d'une nombreuse famille, conduisait une voiture de marchandises à Arras. La pente rapide de la route au-dessus de Gavrelle, oblige d'enrayer. Cet homme se disposait à cette précaution et se trouvait la tête penchée en avant d'une roue, lorsqu'entraîné par la voiture il roula sous le train. Le cheval s'était abattu, la roue fracassa la tête du malheureux qui ne survécut que peu d'instans à ses blessures.

27. — Les journaux avaient enregistré précédemment une juste réclamation du lieutenant-général La-

hure, contre l'inexactitude du livret de Versailles , à propos d'un tableau représentant la flotte batave gelée dans le Texel en janvier 1795, et prise à l'abordage par de la cavalerie légère ; le livret faisait honneur de ce fait aux généraux Macdonald et Bonneau , tandis qu'il appartenait bien et dûment au général Lahure , alors chef de bataillon. Par suite de cette juste réclamation du général, parvenue à M. l'intendant de la liste civile , les rectifications nécessaires furent faites tant au tableau qu'à l'explication du sujet.

30. — Lafont joue sur notre théâtre l'opéra de *Mazaniello*.

15 *septembre*. — Mort de M. Bruneau de Beaumez, président honoraire à la Cour royale de Douai.

17. — L'Académie des Beaux-Arts décerne le premier grand-prix d'architecture à M. Boulanger , de Douai, élève de MM. Huyot, Leclerc et Chatillon.

19. — M. Deusy, avoué à la Cour royale de Douai, est nommé suppléant du juge de paix de Douai (canton-ouest), en remplacement de M. Leroy (de Falvy) , nommé conseiller.

24. — M. Martin (du Nord) est nommé ministre des travaux publics, de l'agriculture et du commerce.

Depuis un demi-siècle la ville de Douai a fourni au pays six ministres ; savoir : le contrôleur-général Calonne, le ministre de la guerre Franqueville, D'Abancourt, Dondeau, ministres de la justice, Merlin, ministre de la justice, et M. Martin (du Nord), ministre des travaux publics.

— Sur la demande de M. Martin (du Nord) , M. de Montalivet, ministre de l'intérieur, fait acheter pour le Musée de Douai un tableau représentant la bataille de Mascara.

1er *octobre*. — Personnel du Collége royal de Douai, à l'époque précitée : MM. Vinay, proviseur ; Nicolet, censeur ; Lazerat, aumônier ; Campion , économe ; Courtades, philosophie ; David, physique et chimie ; Avignon, mathématiques spéciales ; Warmé, mathématiques élémentaires ; Jannet, rhétorique ; Résillot, chargé de l'histoire ; Delage , seconde ; Boulian , troisième ; Cadart , quatrième ; Lingrand , cinquième ; Sauty, sixième ; Lobry, maître élémentaire ; Lamarre, idem.

Maîtres d'études : MM. Sueur , Nicolet (Emile), Cointe, Delesalle, Denissel, Depasse, Maugin ; histoire naturelle ; Bouché, langue anglaise.

20. — Le jeune Fache, de Douai, est admis à l'école de sculpture de Paris.

25. — M. Mancel, sous-préfet de Douai, est nommé préfet du département de l'Orne.

30. — Une scène des plus scandaleuses eut lieu ce jour à Aniches. Un charbonnier, au moment où on inhumait sa mère, saisit le curé au cou et le terrassa sur la fosse en prononçant plusieurs gros jurons, et en lui disant qu'il méritait bien d'y descendre avec elle ; il fallut le secours des assistans pour empêcher ce furieux d'exécuter son projet.

13 *novembre.* — Le culte protestant commence à se célébrer à Douai, rue du Pied-d'Argent, n° 2. Les cérémonies de ce culte ont lieu à onze heures du matin en français, à deux heures et à six heures du soir en anglais ; tous les mercredis à sept heures du soir, en français. Entrée et chaises gratuites.

28. — Un service fut célébré dans l'église de Notre-Dame, pour le repos de l'âme du feu roi Charles X.

29. — Notre ville et ses environs essuyèrent une des plus violentes tempêtes. Dans la tourmente, la croix qui surmontait le portail nouvellement restauré de l'église de St.-Jacques, fut emportée. Telle fut la force du coup de vent, que cette croix en pierre, d'une très grande dimension, fut lancée dans la rivière ainsi que le tablier de plomb qui couvrait le fronton. Les planches de la charpente furent emportées jusques dans les cours des maisons voisines. Plusieurs cheminées de pompes à feu furent renversées dans la banlieue.

4 *décembre.* — M. Leroy (de (Béthune), avocat à la Cour royale de Douai, est réélu membre du conseil-général du département du Nord.

7. — Le colonel Legendre arrive à Douai pour y commander le 4ᵉ régiment d'artillerie.

14. — M. Morand, nommé sous-préfet de notre arrondissement en remplacement de M. Mancel, arrive à son poste.

21. — On invite toutes les personnes amies de l'art dramatique à se trouver le jour précité à la mairie, pour aviser au moyen d'assurer par des listes d'abonnemens la continuation à Douai d'un spectacle à l'année.

26. — M. Druon est nommé notaire à la résidence de Douai, en remplacement de M. Custers, démissionnaire.

MOUVEMENT DE LA POPULATION DE LA VILLE DE DOUAI, PENDANT L'ANNÉE 1836.

Naissances.

Garçons.	295
Filles.	315
Total.	610

Mariages.

Garçons et filles.	90
Garçons et veuves.	7
Veufs et filles.	10
Veufs et veuves.	6
Total.	113

Décès.

Garçons.	140
Hommes mariés.	71
Veufs.	33
Filles.	141
Femmes mariées.	50
Veuves.	61
TOTAL.	496

1837.

3 *janvier*. — Plusieurs patineurs s'exerçaient sur la glace des fortifications hors la porte Morel, lorsque l'un d'eux, F. Cogez, de Waziers, vit la glace se briser sous ses pieds ; dans cette position il aurait pu périr, quand le père Augustin, du collége des Anglais établi en cette ville, parvint à le retirer de l'eau à l'aide d'une canne.

15. — Le Christ est rétabli dans la salle de notre Palais-de-Justice.

17. — M. François Biencourt est nommé huissier-audiencier près la Cour royale de Douai, en remplacement de M. Boulanger, démissionnaire.

— Un voiturier est trouvé mort sur la route de Douai à Auberchicourt.

22. — Mourut à Douai dans un âge avancé M. le colonel d'artillerie de Beaumaretz, chevalier de plusieurs ordres. M. de Beaumaretz s'était distingué en diverses circonstances à l'armée d'Italie.

28. — Réunion des *enfans du Nord* à Paris. — Il est peu d'associations se rattachant à notre pays qui aient plus d'illustrations personnelles que celle des enfans du Nord. La société avait pour président M. Martin, ministre du commerce et des travaux publics, et M. le général comte Fernig. Elle comptait parmi ses membres les lieutenans-généraux Brayer, Corbineau, Merlin, les maréchaux-de-camp de Warenghien, Delcambre ; les statuaires Bra et Lemaire ; Mme Desbordes-Valmore ; MM. Onésime Leroy, Tailor, Saintine, Berthoud ; les peintres Abel de Pujol et Serrure, etc., etc. ; enfin elle avait pour secrétaire-général M. Hypolite Bis, l'auteur d'*Attila* et de *Blanche d'Aquitaine*. Sur sa colonne funéraire sont inscrits d'illustres noms, ceux de Mortier, de Talma, de Duchesnois....

— Une souscription fut ouverte à Douai en faveur des 150 marins de Dunkerque qui avaient péri en 1836 à la pêche d'Islande.

2 *février*. — Le conseil municipal de Douai approuve la vente d'un flégard, rue du Mont-de-Piété, moyennant 1,000 fr., avec réserve des pavés. Cette vente fut

faite au profit de M. Delattre, propriétaire des deux maisons qui longent ce flégard.

7. — Une marche triomphale de NAPOLÉON, accompagné de son fils le duc de Reichstadt, fit les frais du Mardi-Gras dans la petite ville d'Orchies. Il y eût des chars et des cavalcades au profit des pauvres. Dans les placards affichés à Douai pour annoncer cette fête, on remarquait les vers que voici :

> « Soulager l'indigence
> » Est un bonheur pour nous.
> » Chez nous c'est comme on pense ;
> » Pensez-vous comme nous ? »

Nous ne pouvons qu'applaudir au sentiment qui a inspiré ces vers à la muse de nos voisins, tout en regrettant que la poésie n'en soit pas un peu plus riche ; mais il y a progrès. (V. *Feuille de Douai*, 7 *février* 1837.)

18. — A cette époque, la grippe fut presque générale à Douai, il n'était pas de maison dans laquelle il n'y eût au moins une personne qui souffrit de cette affection ; mais elle ne présenta point les caractères de gravité qu'elle offrit à Lille et surtout à Paris.

25. — M. Philippe Dislère est nommé agent-voyer à Douai.

— Le chevalier Filippa, violoniste célèbre, élève de Paganini, se fait entendre dans un concert avec Melle sa sœur.

1er *mars.* — Les notaires de l'arrondissement de Douai, dans leur assemblée générale, confèrent à l'unanimité à M. Custers, leur ancien doyen et président, le titre de *notaire honoraire*, avec les droits et prérogatives y attachés.

4. — Par arrêté de M. le ministre de l'instruction publique, furent nommées dames inspectrices-adjointes à la commission établie à Douai pour l'examen des aspirantes au brevet de capacité, Mmes Nepveur, Hibon et Gratet-Duplessis.

10. — Au théâtre, *le Postillon de Longjumeau* et la *Vieille*, ouvrage dans lequel Mme Pradher se montra inimitable.

11. — Concert de la Société Philharmonique, dans lequel on entend Melle Dhenin, premier grand prix de chant du Conservatoire de Paris, et plusieurs amateurs de Lille.

— Dans la soirée, un agent de police entra dans une auberge de Douai pour y demander le registre des voyageurs. Trois jeunes gens en blouse, prestes et gaillards, paraissant disposés à une expédition lointaine, attirèrent son attention. Il les interrogea et les reconnut bientôt pour des collégiens. Ces enfans étaient parvenus à escalader les murailles du collége; et, munis de 30 fr., ils partaient, disaient-ils, pour le Hâvre, où ils étaient bien décidés à s'embarquer. M. le commissaire de police fit rebrousser chemin à ces imprudens voyageurs, et les renvoya à M. le proviseur.

31. — Par ordonnance en date dudit jour, M. Estabel-Luce, fut nommé avoué près la Cour royale de Douai, en remplacement de M. Barbedienne, démissionnaire.

1er avril. — La prison St.-Vaast fut encore le théâtre d'un événement bien déplorable : le nommé Joyon (Louis), condamné le 15 novembre 1836 à sept années de travaux forcés, pour vol avec violence sur une grand'route, se rendit coupable d'une tentative d'assassinat sur la personne du sieur Lafleur, guichetier de la prison ; ce dernier accompagnait le condamné dans son quartier; mais arrivé au milieu de la grande cour, Joyon se précipita sur le guichetier et lui porta plusieurs coups de couteau dans la poitrine. Depuis une quinzaine de jours, Joyon menaçait d'assassiner les gardiens de la prison, desquels il croyait avoir à se plaindre.

2 avril. — Ce jour, M. le doyen de l'église de Saint-Pierre adressa à ses auditeurs les paroles suivantes, à l'occasion de l'ouverture des salles d'asile :

« Une salle d'asile pour les petits enfans vient de s'ouvrir en cette ville, rue des Malvaux. C'est un nouveau bienfait de l'administration municipale, et une preuve de plus de sa constante sollicitude pour les classes ouvrière et indigente. Elle a voulu procurer aux parents, pendant qu'ils vaquent aux travaux du jour, un moyen facile et gratuit de placer leurs enfants dans un lieu sûr, où des directrices charitables exerceront sur eux une surveillance continuelle, les entoureront d'attention et de soins, leur donneront des notions simples, mais justes, les prémuniront contre le vice, déposeront dans leurs jeunes cœurs des germes de vertu, prépareront à la religion de bons chrétiens et à la société des citoyens honnêtes, probes, vertueux. »

3. — Messe du St.-Esprit célébrée dans l'église de St.-Pierre, et à laquelle assistent tous les élèves des salles d'asile. Les pauvres petits ! le conseil municipal les a confiées aux dignes sœurs dites *de la Providence*.

11. — Ce jour mourut à l'âge de 82 ans M. Dubreuil, ancien magistrat.

15. — Le nommé Kehl, né à Brouderdorff, départetement de la Meurthe, cannonnier au 4e régiment d'artillerie, fut trouvé pendu à un arbre sur la route de Douai à Lille, près le Fort de Scarpe.

16. — Un enfant de 12 ans se donna volontairement la mort, en se jetant dans un canal de dérivation de la Scarpe, vers la rue du Petit-Bail. Le chagrin l'avait porté à cet acte de désespoir ! !

17. — Ouverture des assises du 2e trimestre 1837 ; présidence de M. Lefebvre de Troismarquet.

14. — Au tribunal correctionnel de Douai, affaire des époux de Marcenay. — Présidence de M. Corne. — Défenseur, Me Laloux.

30. — Un événement malheureux arriva au Petit-Polygone de la porte d'Ocre. Au moment où des salves d'artillerie annonçaient la fête du roi, deux artilleurs chargèrent une pièce ; le servant qui devait boucher la lumière, soit par distraction ou pour tout autre motif, oublia de placer le doigt assez vite, la charge partit et deux canonniers furent cruellement maltraités. L'un d'eux eût la figure et le bras droit meurtris, et mourut le lendemain ; son camarade subit l'amputation du bras gauche.

1er *mai*. — Un magnifique feu d'artifice fut tiré à l'entrée des eaux le soir de la fête anniversaire du roi des Français. La foule qu'il avait attirée était immense, et chacun paya un juste tribut d'éloge aux artificiers du 4e régiment d'artillerie qui avaient exécuté cette belle œuvre de pyrotechnie.

26. — Une fille de cinq à six ans, restée seule au domicile de ses parens, rue des Ferronniers, succombe victime d'un accident qu'on a trop souvent à déplorer. Au moment où sa malheureuse mère rentrait, elle la trouva poussant des cris d'épouvante et cherchant par d'inutiles efforts à se débarrasser d'un incendie qui déjà lui avait dévoré une grande partie du corps. Un feu de braise auquel elle avait sans doute imprudemment touché, avait allumé ses vêtemens sans qu'elle put l'arrêter. Cette enfant, malgré tous les secours qu'on put lui porter, ne survécut que quelques heures à l'arrivée de sa mère.

27. — M. Wantier, aide-vérificateur des poids et mesures, est nommé vérificateur de l'arrondissement de Douai, en remplacement de M. Bigant, admis à faire valoir ses droits à la retraite.

— Ledit jour, à cinq heures et demie du matin, A..., maréchal-ferrant rue de Valenciennes, sortit de chez lui pour aller chercher du feu et de la paille, afin d'allumer sa forge, et laissa entr'ouverte la porte de sa maison. À l'étage reposaient sa femme et sa fille : celle-ci, mariée depuis neuf mois, était venue chercher dans sa famille un refuge contre les mauvais traitemens de son mari, et attendre les suites d'une instance en séparation. Broutin, le mari de cette femme, guettait l'occasion de s'introduire dans la maison ; il s'y glissa pendant l'absence du maréchal et franchit l'escalier qui menait à l'étage. Au bruit qu'il fait les deux femmes, sa belle-mère et son épouse, demandent : «Qui est là ?» Pas de réponse. Justement effrayée par des menaces antérieures, la mère se jette au bas du lit ; mais elle rencontre Broutin qui, la saisissant à bras-le-corps, lui porte au bas de la poitrine deux grands coups de poignard et lui fait à l'avant-bras une blessure assez légère.

Il se dirige alors vers le lit où sa femme s'efforçait de se créer un abri, et de nouveaux coups de poignard auraient amené un double meurtre s'ils n'avaient été perdus dans l'épaisseur des couvertures. Tout cela se passait sans d'autres cris que ceux des victimes ; l'assassin ne prononça que ces mots : « Voici le jour de la vengeance. »

Un pistolet dont il était aussi armé lui fut arraché dans la lutte avec sa belle-mère.

Cependant l'un des fils A... accourt, précipite Broutin du haut de l'escalier et le poursuit avec les cris : « A l'assassin ! » Broutin est saisi par deux porte-faix, mais il trouve moyen de s'échapper en leur disant que c'est à ses jours qu'on en veut. Il continue sa course vers la rue de Paris, où cheval, passeport, argent l'attendaient ; mais une femme l'arrête et donne le temps à ceux qui le poursuivaient de le joindre et de le maintenir.

3 juin. — Le préfet du Nord autorise les maires de réunir extraordinairement les conseils municipaux pour leur donner connaissance d'une circulaire ayant pour objet de célébrer, par une fête, l'heureux événement du mariage de S. A. R. Mgr le duc d'Orléans.

4. — Ce jour, la procession, selon l'usage solennel, entra avec toute sa suite au Collège royal. Un vaste et riche reposoir avait été élevé à l'extrémité du *quinconce.* Après la bénédiction, les élèves du Collège escortèrent la procession, et un certain nombre d'entre eux fit entendre pendant tout le cours de la marche une harmonie pleine d'ensemble, et qui accusait de précoces talens.

6. — La musique de Douai remporte au concours de Lille le *premier prix d'exécution,* le *premier prix de solo,* et le *prix de composition.*

11. — Un cadavre fut retrouvé dans les fortifications de Douai, c'était celui du nommé J.-B. Yves Véret, cabaretier à St.-Laurent-lez-Arras.

24. — RÉSULTAT DE L'ENSEMBLE DES ÉLECTIONS MUNICIPALES. — Conseillers sortans réélus : MM. Delecroix, Taffin, Dablaing, Minart père, Arthus-Bris, Becquet de Mégille, Honoré, Corne.

Nouveaux conseillers : MM. André, Broux-Plumecoq, Tréca-Leleu, Roscy, Durand-d'Elcourt.

6 juillet. — Par arrêté du ministre de l'instruction publique, M. Tisserand, répétiteur à l'école d'artillerie, est appelé à la suppléance de la chaire de mathématiques au Collége royal de Douai.

9. — Le beau temps et une affluence considérable d'étrangers favorisèrent cette année notre fête communale : il y eût foule au concert, dans les promenades, sur les places publiques où les jeux étaient établis, au spectacle et dans les bals champêtres. La course aux ânes attira toute la population des communes rurales ; jamais notre ville n'avait vu autant de curieux.

13. — Lettre de M. l'évêque de Cambrai, adressée aux curés de son diocèse, à l'occasion du 7e anniversaire des fêtes de juillet.

16. — Par ordonnance du Roi, en date dudit jour, M. Nutly est nommé avoué près le tribunal de Douai (Nord).

25. — Oh ! comme nous nous sommes amusés ! que notre kermesse a été gaie ! on s'y est battu tous les jours. Voilà ce que disent beaucoup de paysans. S'il en est ainsi, le plaisir a dû être bien grand à Waziers ledit jour, car l'on fut obligé d'y envoyer de la force armée de Douai.

16. — Ce jour, M. Becquet de Mégille mourut en son château à Roucourt.

29. — Célébration de l'anniversaire des mémorables journées de juillet 1830.

— *Funérailles de M. Becquet de Mégille, à Douai.* — Tout ce que notre ville renferme de citoyens honorables, les autorités civiles et militaires, les notabilités de la magistrature, et une foule de commerçans accompagnaient la dépouille mortelle de cet homme de bien. Les coins du poêle étaient tenus par MM. Durand-d'Elcourt, ancien député ; Taffin, membre du conseil municipal ; Quenson, conseiller à la Cour royale, et

Pilate, représentant l'administration. La musique de la
garde nationale s'y trouvait au grand complet. Une
foule immense de citoyens de toutes les classes ont
suivi le corps jusqu'au cimetière. Jamais il n'a été rendu un hommage plus éclatant, plus unanime à la probité, aux lumières, à la sagesse, à la fermeté de principes d'un citoyen.

15 *août.* — Ce jour, en l'église St.-Roch, de Paris,
on exécuta une grand'messe de M. Thomassin, notre
compatriote.

— M. Poultier, nommé sous-préfet de notre arrondissement, arrive à Douai.

16. — Un malheur des plus déplorable vint jeter
une famille de Douai dans le plus violent désespoir. La
dame G..... souffrait depuis long-temps d'une ophtal-
mie ; elle profita du séjour à Douai de l'habile oculiste
Luzardi, pour lui demander des conseils. Celui-ci fit
son ordonnance, elle comprenait divers médicamens,
et entr'autres une certaine quantité de gouttes d'ammoniac liquide qui devait servir au traitement extérieur
des paupières. Par une erreur affreuse, l'ammoniac fut
administré au lieu d'une potion calmante, à la dame
G......, qui mourut le lendemain à la suite d'atroces
douleurs. Les précautions les plus scrupuleuses avaient
été prises par le pharmacien pour éviter toute erreur.

17. — Ce jour, un grand nombre de douaisiens s'ar-
rêtaient sur la petite Place, vis-à-vis l'hôtel du *Chevalier Rouge*, pour examiner avec attention une grande
voiture, sur laquelle on lisait : *Service public, transport
des prisonniers.* C'était l'une des nouvelle voitures qui
servait depuis peu de temps à conduire les condamnés
aux bagnes, et qui ont remplacé les chaînes. Cette voiture devait prendre le lendemain à la prison St.-Vaast
les condamnés qui s'y trouvaient, et les conduire à leur
destination.

18. — La voiture de transport des prisonniers se
rendit à la prison St.-Vaast pour y prendre douze condamnés aux travaux forcés. Ils furent amenés deux à
deux sur le grand carré de la porte d'entrée de la prison, où on les dépouilla scrupuleusement de tous leurs

vêtemens pour leur faire prendre les habits de voyage. On leur mit les fers aux pieds, et on les conduisit chacun dans leur cellule. L'un d'eux exprima par ses larmes abondantes une douleur qui fit peine aux assistans. Un ancien militaire, condamné à cinq ans de travaux forcés pour un simple vol, commandait un intérêt particulier pour ses traits distingués et son air de bonté. On remarquait encore parmi ces douze malheureux, Bonbled, berger assassin. La voiture alla dîner à Amiens.

27. — Mort de M. Taranget, docteur en médecine.

30. — Le conseil-général du département du Nord nomme pour président M. Ferrier, de Dunkerque, et pour secrétaire, M. Leroy, de Béthune, avocat à Douai.

31. — M. le baron de Guerne fonde un prix perpétuel en faveur des écoles de dessin de Douai.

— Un incendie considérable détruisit, à Arleux, 14 maisons, parmi lesquelles une ferme contenant la récolte de l'année; la perte fut évaluée à 60,000 fr.

4 septembre. — Un malheureux domestique tomba du siége de la voiture de M. le marquis d'Aoust, et fut écrasé par les roues. Il ne survécut pas à sa chûte.

5. — M. Stiévenart fut élu membre du conseil municipal, en remplacement de M. Becquet de Mégille, décédé.

— Le feuilletonniste du *Progrès*, qui rend compte du concert qui eut lieu à la fête d'Arras cette année, parle d'Hermant, notre jeune artiste, dans les termes suivans :

« Hermant, cette petite merveille de 13 ans, nous a révélé une organisation musicale déjà puissante, et une habileté d'instrumentiste qui n'appartient qu'aux praticiens qui ont le plus long-temps travaillé leur art et leur instrument. Hermant a devant lui un bel avenir : qu'il travaille, qu'il s'étudie à perfectionner ses sons, à animer son archet, et la France n'aura peut-être plus un jour à envier à l'Italie son Paganini. »

8. — AGRICULTURE. — *Concours de charrue.* — M.
Monnier avait mis à la disposition de la Société d'agriculture un de ses champs, situé au terroir de Dorignies,
entre le Chemin-Vert et le Mariage. Ce champ avait été
divisé par un arpenteur, en espaces égaux, indiqués
par des numéros, deux sillons tracés parallèlement
marquaient la carrière à parcourir par chaque charrue.
La commission se composait de MM. Lamarle, ingénieur des ponts et chaussées ; Lequien, docteur en médecine ; Mangin, docteur en médecine ; Dubois, sous-
intendant militaire, et Delplanque, artiste vétérinaire.
Les concurrens, au nombre de neuf, profitèrent de la
faculté qui leur était laissée de choisir quatre juges. Ils
portèrent leurs choix sur MM. d'Herlincourt, propriétaire et agronome distingué ; Broux, propriétaire, cultivateur à Courchelettes ; Broy, cultivateur à Cuincy,
et Lansart, cultivateur à Lambres.

Le sort désigna la place de chaque laboureur. A un
signal convenu, ils partirent tous en même temps.
Après 25 minutes, le jury parcourut toute la ligne des
labours commencés, et mesura dans divers points la
profondeur des sillons ; cet examen dura une demi-
heure. Un nouveau roulement de tambour fit recom-
mencer le travail qui dura cette fois 50 minutes ; la
commission parcourut de nouveau toute la ligne, ap-
porta la plus grande attention à l'examen des divers
labours, au mesurage de la quantité de terrain labouré,
et fit ensuite à chaque charrue, l'essai d'un dinamo-
mètre pour connaître la force de traction qu'elle exi-
geait. Après avoir recueilli tous ces élémens et avoir
passé en revue les divers attelages, le jury discuta les
résultats du concours, et proclama ses vainqueurs dans
l'ordre suivant :

M. Humez (Henri), de Lambres, obtint le prix offert
à la meilleure charrue.

M. Delplanque (Louis), d'Equerchin, le prix destiné
au meilleur laboureur.

10. — Mort de Courtin, conseiller à la Cour royale
de Douai, et membre de la Société d'agriculture, sciences et arts du département du Nord.

21. — Au théâtre de Douai, *le Riche et le Pauvre*, drame, par M. Emile Souvestre.

— M. Flory, doyen de Notre-Dame, fut nommé chanoine de la cathédrale.

22. — Par arrêté dudit jour, M. Maugin fut nommé membre de la commission du Musée, en remplacement de M. Becquet de Mégille, décédé.

29. — Par arrêté de M. le préfet du Nord, en date dudit jour, M. Watelle fut nommé économe de l'Hôtel-Dieu de Douai.

6 *octobre*. — Entre sept et huit heures du soir, une aurore boréale éclaira notre atmosphère au nord et à l'ouest.

9. — Mort de M. Dambrines, d'Equerchin, ancien capitaine d'infanterie.

3 *novembre*. — Mmes Desrolin et veuve Deron sont nommées dames de charité pour la distribution des secours aux indigens de la paroisse St-Pierre, à Douai, en remplacement de Mmes d'Haubersart et Wastelier, démissionnaires.

8 *novembre*. — Messe solennelle célébrée dans l'église St.-Pierre, pour la rentrée de la Cour. Après la cérémonie religieuse, la Cour s'assembla dans la grand' salle des audiences, où le procureur-général prononça, au milieu d'un religieux silence, un discours sur *l'Amour de la Vérité*.

16. — L'administration municipale nomme M. Tarlier, notaire, membre de la commission des écoles municipales, en remplacement de M. Demazure, démissionnaire.

19. — Dans la soirée, une aventure qui pouvait avoir des suites funestes, mit en émoi le domicile d'un paisible bourgeois de la rue du Vieux-Gouvernement. La domestique de la maison était descendue à la cave sans se munir de lumière : elle y avait à peine fait quelques pas qu'elle heurta contre un homme qui s'y trouvait. La malheureuse eût à peine la force de crier au voleur et elle s'évanouit. On accourut à ses cris et on la trouva dans un état de frayeur dont elle fut long-temps à se re-

mettre. Le voleur avait prudemment battu en retraite ;
on ne sut dans quel but il était venu là qu'en retrouvant
plusieurs objets qu'il avait déjà rassemblés et qu'il se
proposait sans doute d'enlever à la faveur de la nuit.
Il paraît que cet industriel s'était introduit dans la cave,
d'où il avait été obligé de déguerpir en passant la rivière
au moyen d'un petit bateau.

30. — Mort de M. Bruneau, avocat, juge-suppléant
au tribunal civil. M. Bruneau cultivait avec un égal
succès les belles-lettres et la littérature.

16 *décembre*. — TRIBUNAL CORRECTIONNEL DE DOUAI.
—Trois mois de prison donnent à un individu le temps
de réfléchir qu'il est plus logique de se présenter à la
cuisine des voisins pour leur demander du feu, que de
s'introduire dans leurs greniers à pas de loup et nui-
tamment, sous le prétexte d'allumer sa pipe, avec le
précédent surtout de cinq années de réclusion à Loos.

25. — La police de Douai, informée qu'un étranger
se disant raccommodeur de faïence, avait le dessein de
s'introduire pendant la nuit de Noël dans l'église Notre-
Dame, à l'aide d'une fausse clef qu'il avait fait fabriquer, pour y enlever les vases sacrés et l'argenterie
qui s'y trouvaient, prit les mesures nécessaires pour
prévenir ce vol. A cet effet, M. Lavoix, commissaire de
police, qui dès dix heures du soir s'était posté avec sa
brigade dans les environs de l'église, surprit le voleur
vers trois heures, au moment où celui-ci introduisait
la clef dans la serrure. Cet homme parvint cependant à
s'échapper à la faveur de l'obscurité ; mais bientôt ap-
préhendé au corps au moment où il fut fouillé et trouvé
nanti de la clef qui devait servir à l'exécution de son
projet.

31. — Un accident qui malheureusement ne compte
que trop d'exemples vient marquer chez nous la fin de
l'année qui venait de s'écouler. Rosalie Damy, veuve
Bazin, âgée d'environ 66 ans, était seule dans sa
chambre, rue du Bloc, n° 4 ; tout à coup une forte
odeur de fumée se fait sentir à travers sa porte et se
répand en nuage dans toute la maison. On accourt et

l'on trouve la malheureuse à demi-consommée; transportée à l'Hôtel-Dieu, elle expira dans la nuit.

MOUVEMENT DE LA POPULATION DE LA VILLE DE DOUAI PENDANT L'ANNÉE 1837.

Naissances.

Garçons.	291
Filles.	207
Total.	576

Mariages.

Garçons et filles.	106
Garçons et veuves.	8
Veufs et filles.	14
Veufs et veuves.	8
Total.	138

Décès.

Garçons.	168
Hommes mariés.	75
Veufs.	50
Filles	179
Femmes mariées.	45
Veuves.	75
Total.	591

1838.

1er *janvier.* — Une circulaire du préfet du Nord aux sous-préfets et maires du département, contient le passage suivant :

« Les entreprises de recherches de mines de houille » et de fer ont donné lieu depuis quelque temps à de » nombreux abus : des compagnies, avant d'avoir découvert aucun gîte minéral, avant même de s'être livrées à » aucuns travaux sérieux, ont annoncé au public qu'elles » avaient trouvé des couches exploitables, se sont attri-

» bus de prétendus droits à en obtenir la concession, ont
» émis des actions et ont ainsi trompé des personnes
» trop crédules. »

» Frappée de ces désordres, l'administration s'est
» empressée de rechercher les moyens de les empêcher. »
(V. *Mémorial*, 1er janvier 1838).

8. — Jour anniversaire de la mort de Mlle Duchesnois;
eut lieu au cimetière du Père-Lachaise l'inauguration
du monument funèbre qui y avait été érigé à l'aide des
villes et communes du Nord et des artistes amis et
admirateurs de la célèbre tragédienne. La commission
chargée de veiller à l'exécution de ce monument, sous
la présidence de M. Fabvier, intendant militaire, et
composée de MM. Lemaire, H. Bis, Onésime Leroy et
Delsart, décida que les souscriptions seraient inscrites
sur son tombeau, aussi y voit-on figurer les villes de
Lille, Douai, Cambrai, etc.

9. — Ce jour la ville de Douai perdit un de ses plus
honorables citoyens dans la personne de M. de Lewarde.
Notre cité lui doit un grand nombre de fondations religieuses et de bienfaisance qui disputeront dans nos murs
son nom à l'oubli.

Ancien membre de l'administration des hospices, M.
de Lewarde a fondé à l'Hôtel-Dieu une salle destinée à
des malades d'une classe aisée auxquels des revers de
fortune auraient fait subir cette nécessité. L'Hôpital-
Général lui doit un accroissement considérable dans le
nombre de ses lits pour les vieillards; et les bienfaits
individuels qu'il a répandus sur toute la population
de la ville sont innombrables. Les sacrifices les plus
considérables ne lui coûtaient pas quand il s'agissait de
les appliquer à son goût dominant, la pitié pour les
malheureux. C'est encore à cet homme respectable que
notre cité doit les frères de la doctrine chrétienne; les
sœurs gardes-malades dites de Ste-Marie; les sœurs de
St-Vincent de Paule, les écoles gratuites du Béguinage
pour les enfans des artisans, l'embellissement de l'église
de St-Pierre; la belle façade de l'hôpital, etc., etc. Il
consacra à la bienfaisance plus de 1,500,000 fr. de sa
fortune.

18

— Par arrêté de M. le ministre de l'intérieur, M. Guilmot-Martin est nommé membre de la commission des hospices, en remplacement de M. Bruneau, décédé.

11. — Au théâtre, représentation des *Ruines du Mont-Cassin*. La musique, de M. Luce, réussit fort bien, malgré l'insignifiance du poème, qui n'est rien moins qu'amusant.

13. — L'installation comme maire de M. Delecroix et de MM. Bois et Stiévenart, comme adjoints, eut lieu ce jour en séance publique dans la salle aux glaces. Après un discours du sous-préfet, qui exposa l'objet de la réunion, M. Delecroix prit la parole à son tour et dit que son âge avancé semblait lui permettre le repos et qu'il n'avait accepté les fonctions difficiles qui lui étaient conférées que par des motifs d'intérêt public qu'on avait fait valoir près de lui; qu'il comptait sur l'aide de ses collaborateurs et sur le concours du conseil municipal; que tous ne pouvaient avoir qu'un but, le bien de la cité; et que la diversité nécessaire des opinions était utile, puisqu'elle servait à éclairer les décisions qui seraient prises.

M. Delecroix rendit hommage au zèle de l'administration précédente; il parla des améliorations que la ville lui devait, telles que l'accroissement des écoles académiques, l'établissement d'une école primaire supérieure, la fondation d'une salle d'asile, etc. Cette improvisation fut accueillie avec une faveur marquée et vivement applaudie.

16. — M. Brod, professeur de hautbois au Conservatoire de Paris, donne un grand concert où se porte en foule notre public *dilettanti*.

18. — Nous enregistrons encore un fait de nature à démontrer combien les salles d'asile sont une utile institution.

Ce jour, la femme d'un charbonnier, rue du Bloc, descendit un instant de sa chambre, où elle laissa trois de ses enfans en bas-âge. A sa rentrée elle trouva sa plus jeune fille, Victorine, les vêtements en feu et déjà terriblement brûlée. Cette pauvre petite, âgée à peine de 2 ans et demi, mourut des suites de ses brûlures. L'enfant dont il s'agit allait à la salle d'asile, mais on allait l'y chercher à l'heure du repas, et c'est justement quelques minutes après son retour qu'arriva l'accident déplorable.

20. — Le maire de Douai prévient ses administrés qu'il sera reçu au secrétariat de la mairie des soumissions cachetées, pour les travaux de construction d'un abattoir public, estimés 179,460 fr. 98 c.

— Depuis long-temps l'on n'avait éprouvé un froid aussi rigoureux dans nos contrées.

Dans la nuit du 19 au 20, le thermomètre descendit à 13° au dessous de zéro.

— Par suite du décès de M. Mouton, le docteur Delanoy fut chargé du service chirurgical pour les pauvres de toute la ville; aucun traitement ne fut attaché à ses fonctions. Par suite du susdit décès, M. le docteur Espaliez fut nommé chirurgien de la prison Saint-Vaast.

— Le roi fait remettre, par S. A. R. le duc d'Aumalé, au jeune Florent Ducollier, qui avait remporté cette année le prix d'honneur au concours général, la collection des *Classiques Latins*, magnifiquement reliée. Le jeune homme qui fut l'objet d'un si haut et si bienveillant intérêt, est né à Douai.

— Une société existant rue des Chapelets distribua du charbon à tous les pauvres du quartier.

— M. Blot annonce que dans sa filature il donnera toujours du travail non seulement aux ouvriers, mais encore à la masse des nécessiteux qu'il peut employer à l'épluchage des cotons.

— ESCROQUERIE. — Une dame arrivant d'une ville voisine s'introduit chez M⁰ D...., de Douai, comme parente de M. B..., son gendre. Elle y est accueillie avec amitié. Elle y passe la journée, et quand vint le soir, elle annonce qu'elle doit faire une visite à l'une de ses connaissances de la ville. Mais il fait froid, elle n'a pas songé à se munir d'un schall assez confortable. On s'empresse de lui en offrir un, elle sort... et n'est pas revenue.

— Le froid de 15 degrés qui régnait dans notre contrée, produisit les plus déplorables accidens, surtout dans les campagnes. Un mendiant fut trouvé gelé sur la route de Douai à Lambres, et dans un village voisin, une mère et son enfant furent trouvés morts dans le même lit, s'étreignant mutuellement de leurs bras enraidis. Un pauvre habitant de la commune de Dourges, fut encore ramassé mort de froid dans son domicile.

23. — Un arrêté du ministre de l'instruction publique dudit jour, nomme M. le docteur Leglay, archiviste du département du Nord, membre non-résidant du comité historique de la langue et de la littérature françaises.

25. — M. Blot, filateur, annonce de nouveau, dans l'intérêt des indigens, qu'il dispose toujours des salles bien chauffées, où l'on peut à l'aide d'un travail modéré, trouver un abri contre le froid et la misère.

27. — M. l'Evêque de la Basse-Mouturié, prévenu d'outrages contre le gouvernement et envers la personne du roi, comparut ce jour devant la Cour d'assises, et fut acquitté. Sa défense avait été présentée par M. Hennequin, avocat du barreau de Paris et député du Nord.

30. — La durée prolongée et l'intensité du froid rendant insuffisantes les ressources ordinaires du bureau de bienfaisance MM. les administrateurs des hospices, font un appel à la charité de leurs concitoyens.

— M. Guilmot-Martin, nommé administrateur des hospices et du bureau de bienfaisance de Douai, est installé dans ses fonctions.

1er *février*. — Parmi les prêtres de nos campagnes qui cet hiver eurent tant de misères à soulager, nous signalons à la reconnaissance publique M. le curé de Férin. Ce bon prêtre, pendant ces mauvais jours, distribua à plus de 30 pauvres familles, du pain, des vêtemens et du charbon. Au milieu d'une des nuits les plus rudes, ayant appris qu'un pauvre ouvrier veuf, et ses trois petits enfans mouraient de froid dans une misérable cabane, ce digne prêtre quitta son lit, et, accompagné de sa sœur, alla porter secours à ces malheureux qu'il ramena bientôt au presbytère, où tous les soins leur furent donnés.

6. — Dans sa séance de ce jour, le conseil municipal de Douai, décide qu'une quête à domicile sera faite en faveur des indigens. Cette quête produisit 3,445 fr. 47 c.

— Le conseil municipal vote une somme de 200 fr., nécessaire pour assurer le service du marché aux moutons, pour les années 1837 et 1838; 2° une autre somme de 995 fr. pour la construction d'un aqueduc au Point du Jour.

— Une somme de 359 fr. 50 c., produit d'une collecte faite entre MM. les fonctionnaires, professeurs et élèves du Collége royal, fut remise au bureau de charité de la paroisse St.-Pierre, pour faire une distribution de charbon aux pauvres de ladite paroisse.

— M. Hornez, brasseur à Courrières, fait don au Musée de Douai d'une hache trouvée dans les marais de Courrière, dont la lame est d'un silex aiguisé, et l'émanchement d'une corne d'élan.

— Ce jour, vers deux heures après-dîner, le sieur Laoust, marchand coutelier, veuf en secondes noces et père de deux enfans, fut trouvé assis sur une chaise près de son poêle, offrant un épouvantable spectacle. Cet infortuné venait de se donner la mort à l'aide d'un fusil de munition qu'il avait placé entre ses jambes, et dont le canon était dirigé sur l'œil gauche; une ficelle attachée à la détente de l'arme et au pied de la victime, avait fait partir le coup. Laoust était naturellement d'une humeur sombre et vivait dans la solitude.

8. — Avis de M. le maire de Douai dudit jour, concernant les rôles des contributions directes de 1838; lesdits rôles s'élèvent, savoir :

Contributions foncières et des portes et fenêtres.

Principal des deux contributions. .	98,831 fr.	00 c.
Centimes généraux. 22,710 f. 11 c.⎫ Cent. départem. taux 9,631 79 ⎬	32,341	90
Portes et fenêtres.	10,738	36
Centimes communaux. . . .	3,077	25
Frais de perception.	92	31
Frais d'avertissement. . . .	167	30
Total. . .	145,248	12

Contributions personnelle, mobilière et des patentes.

Principal des deux contributions. . .	78,602 fr.	17 c.
Centimes généraux. 16,338 f. 24 c. }		
Cent. départem.^{taux} 6,641 55 }	22,979	76
Patentes.	7,482	89
Réimposition. . . . . . . , .	1,441	73
Centimes communaux.	2,213	85
Frais de perception. . , . . .	66	40
Frais d'avertissement.	123	65
Total . . .	112,910	45

—Par ordonnance du roi du même jour, les religieuses carmélites de Douai ont été autorisées à accepter un legs fait à leur communauté par M. et Mme de Forest de Lewarde.

10. — Les membres des parquets de tous les tribunaux du ressort de la Cour royale de Douai, reçoivent une lettre circulaire qui les engage à prendre des mesures préventives contre le duel, toutes les fois que l'occasion s'en présentera. Les personnes qui serviraient de témoins dans un combat singulier, sont désignées à l'attention du ministère public, de même que les acteurs principaux du duel.

13. — M. Contrejean-Campion, libraire, remet à M. le maire de Douai une somme de 220 fr. provenant de l'excédant du produit de la vente d'une notice imprimée de la vie de notre illustre concitoyen le général Durut, au profit des salles d'asile de cette ville.

— M. le ministre de l'intérieur adresse à tous les préfets des départemens une circulaire pour les inviter à faire connaître, par un avis, à tous leurs administrés, que le gouvernement a cru devoir supprimer l'amende que l'on faisait payer à tous ceux chez qui des feux de cheminée venaient à se déclarer.

20. — Une troupe nombreuse de cygnes traversa ce jour les communes de Cuincy et d'Équerchin ; les habitans de ces villages improvisèrent chacun son moyen de chasser ces oiseaux, et parvinrent à en tuer plusieurs. On remarqua surtout un villageois armé d'une longue perche, et dont l'adresse tenait du prodige.

24. — Mourut à l'âge de 82 ans M. Félix de Beau-marctz, chef de bataillon en retraite. M. de Beaumaretz est l'un de ces braves qui plantèrent nos drapeaux sur les murs de tant de capitales.

27. — Mandement de M. l'évêque de Cambrai, pour le carême de 1838. — Le prélat s'élève contre l'indif-férence en matière de religion et contre l'avidité du siècle, qui semble faire une idole de l'or. Il profite de cette communication avec ses ouailles pour recomman-der la charité envers les indigens qui ont tant à souffrir des rigueurs de l'hiver.

28. — Ce jour la ville de Douai perdit un de ses bons citoyens dans la personne de M. Désmons, ancien aide-de-camp dans les armées de la république, officier supérieur de la garde nationale de Douai depuis plus de trente ans, et major de notre milice citoyenne depuis la révolution de juillet 1830. Il n'avait encore que 66 ans.

1er mars. — La Société philantropique, qui avait fait une quête pour les pauvres le mardi du Carnaval, remet à la mairie une somme de 515 fr. 30 c. pour être dis-tribuée aux pauvres par les soins de MM. les membres du bureau de charité.

— Les jeunes gens d'Orchies se distinguèrent aussi le premier jour du Carnaval. Un char des dieux, un char de déesses, un vaisseau voguant à pleines voiles sur la carcasse d'un chariot, un char monté par vingt musi-ciens, et un autre enfin où dominait le sultan Mamhout, au milieu de vingt autorités turques. Des pavillons et quarante beaux cavaliers trouverres français, trouba-dours espagnols, habillés richement et avec goût, tel fut le spectacle qu'une grande affluence d'étrangers vint considérer.

2. — Phénomène atmosphérique. — Les habitans de Douai purent jouir pendant une heure d'un brillant spectacle bien digne d'exciter vivement la curiosité. Entre huit et neuf heures du matin, l'on vit à la fois trois soleils à la même hauteur au-dessus de l'horison au-dessus du vrai soleil, placé entre les deux soleils apparens, et en même temps deux croissans lumineux

et colorés se touchant, mais tournés en sens contraire. Enfin l'on put voir, dans le prolongement de la direction des trois soleils, de chaque côté et jusqu'à une assez grande distance, deux traînées de lumière blanche.

11. — Est décédé à l'âge de 76 ans M. Asselin, conseiller à la Cour royale de Douai et ancien substitut du procureur-général au conseil d'Artois.

14. — M. Tailliar, conseiller à la Cour royale, est nommé, par arrêté du ministre de l'instruction publique de ce jour et sur la proposition du comité historique des chartes, chroniques et inscriptions, membre non résidant de ce comité.

15. — Au théâtre, le *Schelling*, opéra-pastiche en deux actes. Cette pièce est l'œuvre de deux de nos compatriotes, MM. Léon Nutly et Brovellio.

— Trois jeunes gens de Douai, s'étant rendus coupables du vol d'une somme de 200 fr., étaient allé à Cambrai, espérant en jouir tranquillement; mais leur attente fut trompée : à peine arrivés, ils furent arrêtés et trouvés porteurs de la plus grande partie de la somme volée. Ils furent reconduits à Douai, où leur vol n'était pas encore connu; car il avait été commis avec une rare subtilité.

24. — On découvre dans les papiers de feu notre compatriote, M. Masclet, ancien sous-préfet de Douai et ancien consul-général de France à Édimbourg, un mémoire curieux sur la ville de Douai.

1er *avril.* — Par ordonnance royale, les nominations suivantes eurent lieu dans la garde nationale de Douai :

Major, M. Simon; chirurgien-major, M. Gelez.

1er *bataillon.* — Adjudant-major, M. Foucart; chirurgien-aide-major, M. Maugin.

3e *bataillon.* — Adjudant-major, M. Boutique; chirurgien-aide-major, M. Tesse.

2. — M. le ministre des travaux publics, de l'agriculture et du commerce accorde une subvention de 3,200 fr. aux associations agricoles du département du Nord. Cette subvention est répartie de la manière suivante : 1,500 fr. à la Société d'agriculture de Douai; 500 fr. à celle de Lille; 1,000 fr. à celles d'Avesnes,

Cambrai, Hazebrouck et Valenciennes, et 200 francs
à celle de Dunkerque.

10. — Dans une lettre pastorale de M. Belmas,
évêque de Cambrai, en date de ce jour et concernant
la fête du roi, on lit le passage suivant :

« Pendant que les dépositaires de l'autorité ordonne-
ront les réjouissances publiques pour la fête du monarque, et que des Français, de nom seulement, croiront
avoir assez fait en renfermant leur joie dans les étroites
limites d'un programme ; lorsque des ingrats, qui ne
sentent point ou qui affectent de méconnaître le prix de
la tranquillité dont nous jouissons, et qui peut-être
même en sont jaloux, lorsque ces ingrats, disons-nous,
s'abstiendront de toute manifestation, la reconnaissance,
nous aimons à le croire, conduira les vrais français
dans nos temples.

14.—Par suite d'une consigne donnée par l'autorité
militaire, un habitant de Douai fut arrêté peu après
huit heures du soir, sur le rempart, par le seul motif
qu'il s'y promenait ; conduit au violon, on l'y laissa
toute la nuit et il ne dut son élargissement qu'aux bons
offices de M. le commissaire de police.

— La Cour de cassation déclare non recevable, à
défaut de consignation d'amende, le nommé François
Marecorps dit *Galland*, condamné par la Cour d'assises
du Nord à dix ans d'emprisonnement pour escroquerie.

18 *avril*. — Assises du Nord pour le 2e trimestre
1838. — Présidence de M. Lefebvre de Troismarquet.
— Assesseurs, MM. Quenson et Benoist.

—Par ordonnance datée du même jour, M. Decous-
semaker est nommé avoué à la Cour royale de Douai,
en remplacement de M. Soins, démissionnaire.

— Une circulaire de M. le préfet du Nord, adressée
à MM. les maires du département, invite ces fonctionnaires à se préparer à la célébration de la fête du roi,
1er mai ; il recommande les cérémonies religieuses, les
revues des gardes nationales, et il les engage à consacrer
le reste de la journée en fêtes et réjouissances publiques.

24. — Un accident des plus déplorables arriva au

19

hameau du Bois-Défriché, commune de Pont-à-Raches. Le nommé Jean-Baptiste Descatoire, père de deux enfans, demeurait avec sa famille et une vieille belle-mère infirme dans ce hameau. Cet homme sortait d'habitude de chez lui le matin et n'y rentrait que le soir après avoir fait sa journée, laissant à sa femme le soin des enfans et de sa vieille mère. Ce jour, la femme Descatoire s'en alla à Raches pour y acheter du pain, et laissa à sa mère infirme le soin de veiller sur les deux enfans. À peine cette femme fut sortie de chez elle que la vieille voulant attiser sa chaufferette, la renversa sur elle. Effrayée, elle appela à elle sa petite fille, âgée de 4 ans et demi, lui saisit les mains dans l'espoir de pouvoir se lever ; ses efforts furent vains ; le feu se communiqua rapidement, elle mourut cousumée, et tenant toujours sa petite fille par les mains. Le feu s'étant attaché aux vêtemens de l'enfant, elle mourut une heure plus tard, après avoir assez vécu pour raconter ce qui venait de se passer. Un enfant de 21 mois était heureusement assez loin des deux victimes pour échapper à l'horrible mort qu'elles endurèrent.

25. — Un tableau représentant l'image du Christ, fut placé dans la salle des audiences des trois juges de paix des cantons de Douai, au pavillon du Dauphin, sur la place d'Armes.

— M. Vanderwallen, substitut du procureur-général, est nommé conseiller en remplacement de M. Asselin, décédé.

M. Constant Lagarde, substitut du procureur du roi au tribunal de première instance de Douai, est nommé substitut de M. le procureur-général.

M. Romain de Guerne, substitut près le tribunal d'Avesnes, passe en la même qualité au tribunal de Douai.

1er mai. — Conformément au programme arrêté par M. le maire de Douai, à l'occasion de la fête du roi, il y eût ce jour grande parade militaire à midi, sur la place d'Armes, tir à la cible au champ de manœuvres, hors la porte Notre-Dame, et feu d'artifice à neuf heures sur le rempart, au-dessus de la porte d'entrée des Eaux.

— M. Renard, lieutenant retraité, et qui depuis long-temps résidait à Douai, fut décoré de l'étoile de l'honneur. Entré au service comme enrôlé volontaire, M. Renard a fait presque toutes les campagnes de la république et de l'empire, jusques et y compris celle de Moscou.

— Une Société de bienfaisance se forme à Douai à l'instar de celle de Valenciennes, connue sous le nom d'*Incas*.

4. — M. le docteur Delannoy, à peine âgé de 28 ans, mourut ledit jour après une courte maladie. M. le docteur Lequien, au nom de ses collègues, prononça sur sa tombe les paroles suivantes :

« Ce n'est pas seulement un médecin distingué, c'est un homme de bien qu'une mort prématurée vient d'enlever à ses amis. A peine pourvu du titre de docteur, Delannoy trouva dans les fonctions gratuites de médecin-adjoint des pauvres l'occasion de se dévouer au soulagement de l'humanité, privilège bien supérieur pour une âme comme la sienne aux attraits des honneurs et de la fortune. La manière dont il remplit cette charge ne fait pas moins l'éloge de ses talents que de son cœur. Un seul trait suffit pour donner la mesure de son dévouement : mortellement atteint de la maladie à laquelle il a succombé, on vient le demander au milieu de la nuit ; c'est un indigent qui l'appelle ; il veut voler à son secours, et ce n'est qu'en lui faisant violence qu'on l'empêche d'aller, au péril de sa vie, prodiguer ses soins à un malheureux. Ses connaissances, aussi étendues que variées, son amour des arts lui avaient ouvert l'entrée de plusieurs sociétés savantes. Malgré ses nombreuses occupations, il avait trouvé le moyen d'aider un de nos estimables concitoyens dans la publication d'une histoire monétaire de notre ville. Il venait, à la sollicitation de ses confrères, de tracer l'histoire des travaux de la Société de médecine de Douai, quand la mort vint le frapper... »

5. — Résultat des assises du 2ᵉ trimestre 1838. — 33 affaires portées au rôle comprenant 43 individus :

1 condamné à la peine de mort ; 4 aux travaux for-

cés à temps ; 7 à la réclusion ; 17 à l'emprisonnement ; 14 acquittés.

7. — Arrêté de M. le maire de Douai ainsi conçu :

« Vu la loi du 21 mai 1836, sur les chemins vicinaux, et l'arrêté rendu, pour son exécution, par M. le préfet le 13 juin 1837 ; arrêtons :

» Art. 1er. Il est défendu de construire ou réparer aucun bâtiment ou mur le long des chemins vicinaux de cette commune, sans avoir préalablement demandé et obtenu un alignement qui sera donné par nous, sous l'approbation du sous-préfet. »

10. — M. Cahier est nommé substitut du procureur du roi près la Cour royale de Douai.

— MM. Lenglet, capitaine du génie, et Lamarle, ingénieur des ponts et chaussées à Douai, sont nommés chevaliers de la Légion-d'Honneur.

24. — M. Havez, vicaire à Cambrai, est nommé curé de Pecquencourt, en remplacement de M. Chevalier, décédé.

23 *juin*. — Grande surprise pour le nommé Lestienne, de Raches. Il s'était couché la veille tranquillement, il avait dormi de même, aucun mauvais songe n'était venu le troubler durant son sommeil ; mais, chose étonnante ! il est à peine éveillé qu'il voit à sa porte des gendarmes. Que venaient donc faire ces messieurs ? Le prendre pour le conduire honnêtement à la prison de St-Vaast, à Douai, et c'est là que notre homme dut rester logé quelque temps, parce qu'il avait eu le malheur, il y avait de cela à peu près un an, de prendre part à une querelle accompagnée d'une pluie d'injures et de coups. Un habitant de Raches.

2 *juillet*. — Encore une mort volontaire. — Le 26 du mois précédent était mort à Douai presque subitement, à l'âge de 61 ans, le nommé Bertout (Louis-Joseph), propriétaire et ancien maître tailleur ; il laissait une veuve sans enfans et qui pouvait jouir d'une certaine aisance ; mais un désespoir inconnu lui fit prendre la résolution funeste de mettre fin à son existence en

buvant avec excès d'une liqueur spiritueuse ; on la
trouva morte dans sa cave. Jamais cette femme ne
s'était livrée à aucun excès de boisson.

3.—Mort de M. Albert Fouquay, conseiller municipal et ancien chef d'institution. C'est à cet honorable
citoyen que la ville de Douai a l'obligation d'avoir vu
ranimer dans son sein le flambeau de l'instruction,
après le temps de la terreur.

— M. le maréchal-de-camp de Tournemine prend
possession du commandement de l'ecole d'artillerie de
Douai. Le capitaine Arago, si bien connu de nos concitoyens et frère de l'illustre savant de ce nom, est appelé
à remplir les fonctions d'aide-de-camp du général.

6. — Par ordonnance de ce jour, M. Lagache est
nommé juge de paix du canton nord de Douai, en
remplacement de M. Deprès, démissionnaire.

8. — La fête de Donai fut illustrée cette annnée par
des carroussels au superbe coursier et à l'âne capri-
cieux ; il y eût concert, danses et jusqu'à la parade.

29. — M. le maire décerne publiquement à l'Hôtel-
de-Ville les primes accordées aux marchés aux vaches
et aux moutons ; savoir :

Pour les vaches.

Première prime de 200 fr., à M. Rousseau, marchand
de vaches à Raimbeaucourt.

2e de 100 fr., à M. Dubus, marchand de vaches à
Coutiches.

Pour les moutons.

Première prime de 200 fr., à M. Delhaye, marchand
de moutons à Dorignies.

2e de 100 fr., à M. Danniaux, marchand de moutons
à Sin.

Chucun d'eux avait amené aux marchés de ladite
année le nombre de bestiaux ci-après :

M. Rousseau.	. .	1,359 bœufs ou vaches.
M. Dubus.	. .	498 id.
M. Delhaye.	. .	1,861 moutons.
M. Danniau.	. .	1,472 id.

4 août. — Ce jour un grand malheur arriva dans notre ville. Des ouvriers étaient occupés dans le canal de dérivation de la Scarpe, près du réservoir du Grand-Bail, à établir les fondations d'un mur destiné à séparer les eaux. L'épuisement ayant fait apercevoir un affaissement sous le mur de la maison du sieur Daignez, le conducteur des travaux se rendit sur les lieux, examina l'état des diverses constructions ; et, après avoir reconnu qu'aucun signe de danger immédiat ne se manifestait, prescrivit néanmoins l'interruption des épuisemens et le remblai de l'autre fossé. On commençait ce travail, lorsque le mur du sieur Daignez, s'écroulant subitement, entraîna dans sa chute une voûte latérale qui se reliait au mur opposé ; sept ouvriers furent ensevelis sous les débris de cette voûte ; six ont péri, malgré les secours empressés que la population et les autorités civiles ont porté sur le lieu du désastre ; un seul a été retiré vivant, mais blessé. Voici les noms des victimes :

Clabeau (Charles), âgé de 22 ans ; Magrez (Jean-Baptiste), âgé de 23 ans ; Lenglet (Louis), âgé de 23 ans ; Sueur (Charles), âgé de 17 ans ; Delplanque (Hyacinthe), âgé de 17 ans.

Tous appartenaient au village de Raches.

Parmi les nombreuses personnes qui rivalisèrent de zèle pour retirer les ouvriers écrasés sous les décombres, on remarquait M. Odry, sous-lieutenant de marine ; M. Grau, vicaire de Saint-Jacques, et M. Boudry, greffier de police.

Une souscription fut ouverte à la mairie de Douai en faveur des familles des victimes de ce déplorable événement, et M. Voisin St-Albin improvisa sur ce jour néfaste les vers suivans :

Hélas ! il est trop vrai, d'honorables enfans
Dont les bras courageux soulageaient leurs parens,
Accablés sous le poids d'une tâche pénible,
Ont trouvé dans le sol la mort la plus horrible.
O vous ! qui vous pressez pour voir de beaux convois,
Qui détournez les yeux devant les croix de bois !
Oui, vous avez bien fait d'abandonner la rue,
Votre âme, j'en suis sûr, eût été trop émue!

Ils allaient du pays augmenter la douleur,
Je les ai vus partir ces six chars funéraires,
Transportant des lambeaux à tant de pauvres mères !
Hélas ! les blancs linceuls dont ils étaient voilés ,
Par les doigts d'une sœur peut-être étaient filés.
Le temps était horrible! mais calmons nos alarmes :
C'était un ciel en deuil qui répandait des larmes.

30 août. — ARLEUX. — La femme de M. W.... disparut de sa maison. Son corps fut retrouvé le lendemain dans la Sensée, au pont de la Redoute. Cette malheureuse femme était enceinte. On attribua son double crime au désespoir que lui avaient causé les résultats peu favorables d'une spéculation commerciale.

1er septembre.—Le conseil municipal, dans sa séance de ce jour, rejette la pétition signée par un grand nombre de citoyens, à l'effet d'obtenir une augmentation de subvention de deux ou trois mille francs, qui devait soutenir notre théâtre jusqu'à la fin de cette année.

10. — Le lieutenant-général Gourgand arrive à Douai pour passer l'inspection de l'école d'artillerie.

17. — Un maître cordonnier, le sieur D.... , de Douai, qui avait déjà cherché à se suicider le 1er juillet précédent, à l'aide d'un rasoir, parvint enfin à accomplir sa funeste résolution. Ce malheureux fut trouvé pendu, le 15 septembre, dans les lieux d'aisance de la maison qu'il occupait rue St.-Samson.

2 octobre. — Une ordonnance royale de ce jour autorise l'acceptation de la donation immobilière, faite par Mme Deforest de Lewarde, à la communauté des Carmélites de Douai.

18. — La femme d'un ouvrier, malade depuis quelque tems, se pendit dans son domicile, terrasse Notre-Dame.

23. — Le nommé Frémerie *dit* Brise-Fer, natif de Sauchy-Cauchy, âgé de 59 ans, condamné aux travaux forcés à perpétuité par la Cour d'assises de Douai 25 ans auparavant, fut renvoyé gracié de Brest, à l'occasion de la naissance de S. A. R. le comte de Paris. Sa bonne conduite et l'assistance qu'il avait prêtée à un de ses chefs, qui était en danger de périr, lui méritèrent cet acte de clémence royale.

1er *novembre*. — HASNON. — Au moment où M. le curé sortait de célébrer l'office, un furieux, ancien séminariste , se précipita sur lui , se portant aux plus graves violences. Ce fut à grand'peine que l'on préserva le respectable ecclésiastique de la fureur de ce forcené.

3. — Souscription pour la fondation de la Société de Bienfaisance. — Le but moral de cette société tend à faire perdre le goût de la débauche dans certaine classe.

8. —M. Félix Robaut, de Douai, obtient une médaille à Arras, pour la carte des départemens du Nord et du Pas-de-Calais qu'il avait envoyée à cette exposition.

21. —Résultat des assises du 4e trimestre 1838 ; présidence de M. Leroux de Bretagne. —Trente-quatre affaires portées au rôle, comprenant 44 individus ; résultat : Condamnés aux travaux forcés à perpétuité, 2 ; aux travaux forcés à tems, 7; à la réclusion, 6; à l'emprisonnement, 17; acquittés, 12; total , 44.

28. —Par ordonnance royale dudit jour, M. Régniez, avoué au tribunal civil de Douai, fut nommé avoué près la cour royale de cette ville, en remplacement de M. Pelletier, démissionnaire. M. Boutique succéda à M. Régniez, au tribunal civil de première instance.

29. —M. Rossignol , juge au tribunal de première instance de Douai , est nommé membre de la commission de surveillance des prisons de Douai, en remplacement de M. Fouquay, décédé.

5 *décembre*. —L'administration municipale de la ville de Douai, à l'exemple de celles de Dunkerque et d'Avesnes, prend des mesures pour l'ouverture de la bibliothèque publique pendant les soirées.

10. —Le gérant de la *Feuille de Douai* est renvoyé

devant la cour d'assises du Nord, à cause de la publication d'un article ayant pour titre : *Les gouvernemens
constitutionnels ne sont pas nés viables.*

— Les élèves de 'M. Albert Fouquay ouvrent entr'eux une souscription dans le but d'élever un monument à la mémoire de leur maître. Parmi les élèves de
M. Fouquay, on distingue : MM. Martin (du Nord),
ministre du commerce ; le baron de Guerne, ancien
maire de Douai ; le docteur Leglay, archiviste général
du département du Nord ; Hypolite Bis ; Théodore
Bra ; Duthilloeul, juge-de-paix; Escaliez, docteur en
médecine; Bois, premier adjoint au maire.

13. — Statistique de l'ordre des avocats à la Cour
royale de Douai, à l'époque précitée :

Le tableau des avocats formé en 1811, après la réorganisation de l'ordre, par le décret du 14 décembre
1810, comprenait 20 avocats inscrits ; il n'y avait pas
de stagiaires.

Depuis 1811 jusques et compris 1838, il a été admis
au stage ou inscrit directement au tableau 184 avocats.

Total depuis la réorganisation : 204.

De ce nombre 25 sont morts dans l'exercice de leur
profession, et 7 après l'avoir quittée.

Total des avocats décédés : 32.

Les avocats admis alors existans sont ainsi répartis :

Ministre.	1
Procureur-général.	1
Conseillers à la Cour royale de Douai.	11
Avocats-généraux. idem.	2
Substitut. idem.	1
Conseiller-auditeur. idem.	1
Conseiller dans une autre cour.	1
Substitut. idem.	1
Total des magistrats de Cours souveraines.	**19**
Présidens de tribunaux de première instance du ressort.	3
Procureurs du roi, idem.	6
Procureur du roi hors du ressort.	1
Juges.	8
Substituts.	9
Total des magistrats de première instance.	**26**

Juges de paix. 5
Sous-préfet. 1
Avoué dans le ressort. 1
Avoué hors du ressort. 1
Notaires. 3
Avocats retirés sans fonctions publiques. . 50
Avocats exerçant alors dans le ressort. . 11
Avocats restant inscrits au tableau, compris
22 stagiaires. 55

Total. . . 204

MOUVEMENT DE LA POPULATION DE LA VILLE DE
DOUAI PENDANT L'ANNÉE 1838.

Naissances.

Garçons. 326
Filles. 292

Total. . . 618

Mariages.

Garçons et filles. . . . 100
Garçons et veuves. . . . 6
Veufs et filles. . . . 10
Veufs et veuves. . . . 4

Total. . . 120

Décès.

Garçons. 178
Hommes mariés. . . . 72
Veufs. 35
Filles 117
Femmes mariées. . . . 56
Veuves. 53

Total. . . 511

1839.

7 janvier.—Par arrêté du préfet, M. Bois, adjoint au maire de la ville de Douai, est nommé directeur du Mont-de-Piété, en remplacement de M. Gantois-Dervaux, démissionnaire.

—Par ordonnance royale, M. Deledicque est nommé commissaire-priseur à Douai, en remplacement de M. Porret, démissionnaire.

8.—Par arrêté du préfet, M. Valentin, notaire à Douai, est nommé membre du bureau de charité de la paroisse St.-Pierre.

12.—*Séance du conseil municipal de Douai.*—M. le maire exprime les regrets que la ville éprouve par la perte récente de M. le comte Merlin et de M. Cocqueau. Il annonce que le premier a chargé son fils, M. le lieutenant général Merlin, de transmettre à la ville son buste, par David, d'Angers. Le conseil charge le maire de transmettre au général Merlin ses sentimens de reconnaissance pour le souvenir que son père a conservé pour sa ville natale.

—Lucie Duhem, en traversant le marais de Lauwin-Planques, aperçut un chapeau qui flottait sur l'eau; elle s'empressa d'en informer Constantin Dron, poissonnier, qui se rendit à l'endroit indiqué avec Louis Monchaux. Tout auprès du chapeau se trouvait un cadavre qu'ils ramenèrent à terre, sur leur petite barque. Le cadavre était celui de Grégoire Dehaye, tisserand à Drocourt, commune du Pas-de-Calais. Ce malheureux avait disparu le 9 décembre précédent, et sa famille l'avait vainement recherché. D'après le dire des personnes qui avaient pu le voir les dernières, il avait trop fêté le dimanche et laissé une partie de sa raison dans les cabarets. Sévère leçon pour ceux qui préfèrent un moment de débauche aux plaisirs tranquilles de la famille, et qui souvent dépensent en un jour tout le produit d'une semaine.

— M. le maire de Douai fait connaître au conseil municipal de cette ville, que des remblais nécessaires au nivellement de l'intérieur de l'abattoir, occasionneront une dépense de 7,000 fr. ; que ces remblais non prévus dans le marché passé avec l'entrepreneur, doivent être à la charge de la ville.

30 *janvier*. — Arrêté de M. le maire ainsi conçu :

« Vu les instructions de M. le ministre de l'instruction publique ;

» Désirant procurer aux ouvriers, artisans et habitans qui ont des loisirs, le moyen de les employer d'une manière utile, agréable et instructive ; arrêtons :

» Art. 1er. A dater du 4 février prochain, un cabinet de lecture sera ouvert dans l'un des bâtimens du Musée, à proximité de la bibliothèque publique, les lundis, mercredis et vendredis, depuis six heures du soir,

» Art. 2. Il sera extrait de la bibliothèque publique tous les ouvrages destinés à la lecture du soir, et personne ne pourra en exiger d'autres que ceux déposés dans ce nouveau local. »

2 *février*. — Vers neuf heures du soir, un incendie éclata dans l'hôtel habité par M. le maréchal-de-camp commandant l'école d'artillerie de Douai. Le feu, dont on avait espéré se rendre maître sans le secours des pompes, prit bientôt une intensité telle que les pompiers et les travailleurs de l'artillerie, arrivés au premier signal, furent obligés de renoncer à l'idée de sauver la partie du bâtiment incendié, et de diriger tous leurs efforts pour concentrer le foyer du sinistre. A minuit, toute crainte avait cessé.

23. — Une crue extraordinaire des eaux de la Scarpe, telle qu'on n'en avait pas vue depuis l'année si désastreuse de 1829, vint encore affliger l'agriculture dans la vallée que parcourt cette rivière. La Scarpe déborda ce jour en plusieurs endroits, et notamment dans la partie du lit rectifié qui traverse le marais des Six-Villes, où elle menaça même de rompre ses digues.

Le tocsin d'alarme sonna dans la commune de Lallaing, et les habitans arrivant en foule à ce signal, parvinrent, après de grands efforts, à empêcher la destruction imminente de nouvelles digues encore mal consolidées, et dont la rupture eût causé des malheurs

incalculables. Une grande partie de la vallée fut néanmoins inondée.

3 *mars.* — ÉLECTIONS. — Collége de Douai (intrà-
muros), M. de Montozon est réélu député. — Collége
(extrà-muros), M. Martin (du Nord) est proclamé
député.

29. — Ce jour, vers onze heures du matin, un nouvel accident vint affliger la ville de Douai. Trois ouvriers
et un jeune homme se trouvaient au rez-de-chaussée
du quartier de derrière de la maison occupée par le
sieur Fleurquin, boulanger, rue de Paris, lorsque tout-
à-coup le plancher d'un magasin de bois qui se trouvait au-dessus d'eux, s'écroula. Deux des ouvriers
purent échapper au danger, mais un garçon boulanger
et le jeune Voisin furent engagés sous les décombres
et les pièces de bois. Heureusement des secours sage-
ment dirigés, les arrachèrent au péril après une longue
demi-heure de travaux. Aucun des quatre individus
n'était grièvement blessé.

30. — Sur l'autorisation du roi et par décision du
ministre de la guerre, en date de ce jour, M. Malet,
officier d'état-major, fils de M. Malet, architecte du
département du Nord, est nommé professeur à l'école
royale d'artillerie de La Fère, en remplacement de son
aïeul, en retraite à St.-Omer.

2 *avril.* — M. Bourriot, de Douai, chef d'escadron
commandant le train des parcs d'artillerie, est nommé
officier de la Légion-d'Honneur. Il y avait vingt-six ans
que l'empereur Napoléon avait attaché sur la poitrine
de ce brave officier l'étoile de l'honneur.

8. — Mandement de Mgr. l'évêque de Cambrai, en
faveur des victimes du désastre de la Martinique.

— Le sieur Quainzier, batelier à bord du *St.-Hubert*,
remontait la Scarpe et se disposait à traverser la ville.
Un de ses fils, âgé de 14 ans, travaillait avec lui à faire
jouer le cabestan, lorsque tout-à-coup, non loin de la
voûte de l'entrée des eaux, le père, trompé par ses for-
ces, lâche la pièce de bois qu'il manœuvrait. Le cabes-

tan détourne avec violence, et la massue échappée des mains du père, va assommer son fils et le jeter sans vie à ses pieds, la tête fracassée.

16.—Vers une heure du matin, un violent incendie se déclara dans la fabrique de sucre de Mme veuve Dennetier, à Corbehem. Les pompiers de Douai trouvèrent dans ce déplorable événement une nouvelle occasion de montrer leur dévouement. A trois heures du matin, deux pompes étaient arrivées au lieu de l'incendie, bien qu'on n'eût pas sonné la cloche d'alarmes.

20.—M. Huart, vicaire de St-Nicolas à Valenciennes, est nommé vicaire de St-Pierre à Douai.

24.—S. A. R. Mgr le duc d'Orléans arriva à Douai, venant de Lille, à six heures du matin. Le prince fut reçu à la barrière par les autorités civiles et militaires avec le cérémonial usité. Un accident arrivé à sa voiture, rue Morel, l'obligea de se rendre à pied jusqu'à la place d'Armes, au milieu de la foule des citoyens qui l'escortaient. Il passa la revue de la garde nationale et celle des divers corps de la garnison. A deux heures le duc d'Orléans quitta Douai pour se rendre à Valenciennes.

16 mai. — PHÉNOMÈNE VIVANT. — Un enfant à quatre jambes attire la foule sur la Grand'Place.

— Le *Libéral du Nord* reparaît après neuf mois de suspension. — Rédacteur-gérant, M. Delebecque; imprimerie de M. Crépeaux.

26. — Par arrêté du préfet du Nord, M. P. Duclerfays, employé dans les contributions directes, est nommé percepteur-receveur de la contribution du dessèchement de la vallée de la Scarpe, en remplacement de M. Bonnaire, démissionnaire.

9 juin. — M. Delattre, conservateur des forêts à Douai, est admis à faire valoir ses droits à la retraite. M. Chanlaire, conservateur à Grenoble, est appelé à le remplacer.

29. — Le conseil municipal accorde une somme de 500 fr. pour la première dépense de la Société de bienfaisance.

30 juin. — Quelques amateurs, membres de la So-

ciété de musique sacrée, et de jeunes personnes exécutent une messe solennelle à l'église de St-Pierre. Cette messe est de la composition de M. Mené, et l'accompagnement de M. Heisser.

1er *juillet.* — Deux frères, Louis Block, se disant pédicure, et Joseph Block, marchand ambulant, voyageant avec leur mère et une sœur, entraient en ville vers quatre heures du matin, s'introduisaient successivement dans l'hôtel de *Versailles*, montaient l'escalier et parcouraient le corridor sous le prétexte de chercher un *monsieur.* Peu d'instans après un des voyageurs s'apercevait en se réveillant qu'il n'avait plus sur sa table de nuit, ni montre, ni bourse ni bijoux. La police est avertie. Une heure après les quatre personnages étaient retrouvés vers midi.

7. — Une messe en musique, de la composition de M. Elwart, professeur au conservatoire, est chantée à dix heures du matin, en l'église St-Pierre. L'exécution est confiée aux cinquante élèves de l'école normale, sous la direction de M. Brovellio, leur professeur.

8. — M. le baron Lagarde, ancien secrétaire-général du Directoire, puis des consuls, ancien préfet de Seine-et-Marne sous l'empire, mourut ce jour à l'âge de 85 ans. Il était frère de M. Lagarde, greffier en chef de la Cour royale de Douai.

11. — Publication à Douai d'un ouvrage qui a pour titre : *Siége et bombardement de Valenciennes*, par M. Texier de la Pommeraye, ancien colonel en retraite. — Imprimerie de V. Adam.

— M. de Coussemaker, avoué à la Cour royale de Douai, est nommé correspondant du ministère de l'instruction publique pour les travaux historiques.

— Cette année les jours de *Gayant* ne se passèrent pas sans nuages. Le mardi, au moment où les ânes et leurs burlesques cavaliers trottaient dans l'arène, une averse vint disperser la foule.

14. — La première fête historique de notre Société de bienfaisance, destinée à représenter l'entrée de Philippe-le-Bon à Douai, en 1437, fut célébrée ce jour

avec une grande pompe. Cette solennité avait attiré un concours immense d'étrangers : la population de notre ville fut presque doublée.

Le cortége, parti du Jardin-des-Plantes à 5 heures du soir, se dirigea vers la place d'Armes dans dans l'ordre suivant :

Premier Tableau.

LA VILLE DE DOUAI.

Deux trompettes à cheval ayant pavillons aux armés de la ville ; — Un porte-étendard accompagné de deux hérauts d'armes ; sur sa bannière est écrit : GLOIRE A PHILIPPE-LE-BON ; — Peloton de tambours et de fifres ; — Musique à pied, ou corps de menestrandi ; — Un porte-étendard ayant pour inscription : SERMENS DE DOUAI ; — Deux joueurs de drapeaux ; — Le chef des archers ; — Les archers avec leur bannière ; — Saint-George ; — Le chef des arbalétriers ; — Les arbalétriers avec leur bannière ; — Le fou des arquebusiers ; — Le chef des arquebusiers ; — Les arquebusiers avec leur bannière ; — Un chevalier portant cette inscription : PRÉSENS OFFERTS AU SOUVERAIN ; — Des vases et quennes de vin offerts au souverain ; — Un BRANCARD sur lequel sont placés des vases et quennes de vin, est porté par huit sergens à verges. Il est richement décoré et orné de quatre lions tenant des bannières aux armes de la ville ; — Un peloton de tambours et de fifres ; — Un chevalier portant sur sa bannière cette inscription : ECHEVINAGE DE DOUAI ; — Plusieurs hallebardiers ; — Groupe d'échevins ; — Un porte-étendard, accompagné de deux massiers ; sur sa bannière est écrit : MAYEUR, ou chef des échevins ; — Le mayeur à cheval ; — un porte-clefs ; — Deux trompettes ; — Le char de la ville.

Il rappelle l'origine des armoiries de la ville de Douai et la bravoure de ses habitans.

Six guerriers placés au haut du char, en costume du quatorzième siècle, représentent les six cents Douaisiens morts, à cette époque, pour leur pays. Ils embrassent l'étendard qui reproduit la devise adoptée alors par les arbalétriers, et qui, depuis, leur servit de cri de ralliement : GLOIRE AUX VAINQUEURS.

Au bas du char, la ville personnifiée porte une bannière ayant cette inscription : SIX CENTS DOUAISIENS MORTS POUR LEUR PAYS A MONS-EN-PEVÈLE EN MCCCIV. Elle est accompagnée de deux génies ayant à la main des couronnes de laurier et de chêne.

Aux quatre angles du piédestal qui reçoit les six guerriers, des génies armés, réunis par des guirlandes de fleurs, tiennent des écussons remplis de diverses inscriptions, comme : AMOUR DU PAYS, FIDÉLITÉ AU SOUVERAIN, FRANCHISES MUNICIPALES, FOI EN SON DROIT.

Quatre bœufs, symbole de la force et du courage, traînent le char. Ils ont des cornes dorées : ils sont caparaçonnés et montés par des génies pinçant de la lyre.

Deuxième tableau.

INSTITUTION DE L'ORDRE DE LA TOISON-D'OR.

Deux trompettes à cheval, ayant pavillons aux attributs de l'ordre de la Toison-d'Or. — Un porte-étendard, à cheval. On lit sur sa bannière : INSTITUTION DE L'ORDRE DE LA TOISON-D'OR, EN MCCCCXXIX. — Musique à pied ou corps de menestrandi. — Un porte-étendard. Sur sa bannière est écrit : CHEVALIERS DE L'ORDRE DE LA TOISON-D'OR. — Le héraut de l'ordre, Toison-d'Or, à cheval. — Plusieurs chevaliers de l'ordre, à cheval, et en grand costume de chapitre. Ils ont des manteaux écarlates, doublés d'hermine, et sont décorés du collier de l'ordre. — Un chevalier portant les armes de Philippe-le-Bon. — Un ciel porté par huit échevins yssans. — Quatre pages, placés sous ce ciel, tiennent par les coins le carreau du souverain. Cette manière de représenter le souverain était en usage à cette époque. — Deux massiers. — Un char rappelant l'origine de l'ordre de la Toison-d'Or.

Ce char est traîné par quatre chevaux. Sur la partie supérieure on voit Jason qui, après avoir terrassé le dragon, se rend maître de la Toison-d'Or. Des génies, groupés autour du char, portent des écussons et les bannières des premiers chevaliers de l'Ordre. Sur le devant, deux anges tiennent les armes du souverain, fondateur et président de l'ordre.

21

Troisième tableau.

LE SOUVERAIN.

Deux trompettes à cheval, ayant pavillons aux armes du souverain. — Un porte-étendard, à cheval, accompagné de deux hérauts d'armes. On lit sur sa bannière : A PHILIPPE-LE-BON, SOUVERAIN DE LA FLANDRE. — Musique à cheval, ou corps de *menestrandi*. — Deux massiers à cheval. — Un porte-étendard, à cheval, ayant pour inscription : MONTJOYE, SAINT-ANDRIEU, cri de guerre adopté par Philippe-le-Bon et ses chevaliers. — Groupe de chevaliers de la Toison-d'Or, en costume de tournoi. — Plusieurs chevaliers portant les insignes de la souveraineté. — Des écuyers conduisant le cheval du souverain. Ce cheval est caparaçonné comme s'il allait entrer au tournoi. — Deux hérauts à cheval criant largesses et jetant des médailles destinées à rappeler l'époque de la fondation de la fête. — Plusieurs porteurs de torses aux armoiries de la ville. — Quatre massiers. — Deux trompettes. — Le char du souverain.

Philippe-le-Bon est sur son trône. Il est accompagné de chevaliers de la Toison-d'Or et de deux massiers aux armes de la Flandre. Le connétable est assis sur les marches du trône, tenant l'épée nue à la main. Sur les gradins inférieurs, quatre pages portent les armes du souverain, et plus bas sont retracées les vertus du prince personnifiées : LA FORCE, LA JUSTICE, LA PRUDENCE, LA VIGILANCE.

Ce char est traîné par huit chevaux, attelés à quatre de front.

Le duc de Bourgogne fut ramené chez lui en calèche découverte, au milieu d'une brillante escorte de gens de guerre à pied et à cheval, et les seigneurs de la cour, voire même les chevaliers de la Toison-d'Or. La journée se termina par un très-beau bal au Jardin Royal ; là les joies de notre siècle succédèrent sans partage aux joies du moyen-âge.

Le nom de M. Wallet, à qui la ville est redevable de la pensée, du plan et de l'exécution de cette grande scène historique était dans toutes les bouches.

Les armures des chevaliers de la Société de bien-

faisance avaient été confectionnées par MM. Bertrand
et Lesurque, qui ont su donner au zinc employé aux
casques et aux cuirasses, les contours les plus gracieux
et le poli le plus brillant.

16. — Le conseil municipal vote une médaille d'or
de 200 fr. à M. Wallet.

— Au four à chaux du Raquet, à la suite d'un éboulement, deux ouvriers sont ensevelis sous les décombres,
d'où on les retire dans un état affreux. L'un avait plusieurs blessures à la face, une forte dépression de la
poitrine, une jambe fracturée et de nombreuses contu-
sions sur toute la surface du corps ; un autre avait eu
la cuisse brisée et un pied presqu'entièrement arraché.
Le premier de ces malheureux mourut peu de jours
après l'accident ; l'autre succomba après deux mois
environ de souffrance inouies.

— Ouverture des assises du 3ᵉ trimestre 1839. —
Présidence de M. le conseiller Bigant.

18. — M. le maire de Douai, accompagné de son
adjoint et de l'architecte de la ville, pose la première
pierre de la salle d'asile en construction sur la place
St.-Nicolas.

20. — M. Hornez, de Courrières, fait don au Musée
de Douai de divers objets curieux trouvés à différentes
profondeurs, dans les marais voisins de Courrières ; on
remarque parmi ces objets une mâchoire inférieure de
castor et de beaux fragmens de bois de cerf.

24. — Le conseil municipal de Douai, accorde une
subvention aux frères de la doctrine chrétienne.

— Incendie dans l'ancien établissement des bains
Ségard. La pitié circula dans la ville pour les familles
victimes du sinistre.

25. — Le cadavre d'un malheureux ouvrier est retiré de la Scarpe.

26. — Une intéressante cérémonie eut lieu dans la
commune d'Erchin. Le prêtre bénit le lieu où devait
s'élever un temple à la prière, et la population du village assista pieuse et recueillie, à cette cérémonie toute
neuve pour elle.

— Un individu faisait nager son cheval dans le canal , en face de la prison St.-Vaast ; et le tenait à cet effet au bout d'une longue corde ; un mouvement brusque du cheval entraîna son maître dans le courant, où ne sachant pas nager, il allait périr, lorsque le jeune Bourré, âgé de 18 ans, fils de M. Bourré, maître charpentier, se précipita à l'eau et le sauva. Nous enregistrons avec d'autant plus de plaisir l'acte de courage et d'humanité de ce jeune homme, que c'était la deuxième fois qu'il sauvait la vie d'autrui en exposant la sienne.

27. — Service funèbre célébré à St-Pierre, pour les victimes de la révolution de 1830.

— Répartition du contingent de 2,417 hommes , assigné à l'arrondissement de Douai , sur la classe 1838 :

Cantons.	Inscrits.	Contingent.
D'Arleux.	150	42
De Douai-nord.	145	40
id. ouest.	140	39
id. sud.	124	34
De Marchiennes.	186	51
D'Orchies.	186	51
TOTAL.	931	257

1er août. — M. Wantiez, vicaire de St-Géry, à Cambrai, est nommé curé de Montigny-lez-Douai, en remplacement de M. Sion, décédé.

6. — M. Duchâtel, agent-voyer dans l'arrondisse d'Avesnes , passe dans celui de Douai en la même qualité en remplacement de M. Rocques, appelé dans l'arrondissement de Lille.

16. — A Paris, mort de M. Deforest de Quardeville, membre de la chambre des pairs et premier président de la Cour royale de Douai. Il était âgé de 79 ans.

M. Deforest, dont la fortune était considérable, donnait une partie de son temps aux fonctions qu'il remplissait, et vivait d'une manière simple. Son corps a été déposé dans le cimetière du Père-la-Chaise.

13 septembre. — Frère Ansevin, appelé à diriger les frères des écoles chrétiennes, arrive à Douai.

16. — M. le général Gourgaud arrive à Douai pour

y inspecter les troupes faisant partie de l'artillerie et les grands établissemens militaires qui en dépendent.

17. — Par ordonnance de ce jour sont nommés : Premier président de la Cour royale de Dijon, M. Nepveur, procureur-général près la Cour royale de Douai ; premier président de la Cour royale de Douai, M. Colin, procureur-général près la Cour royale de Dijon, en remplacement de M. Deforest, décédé ; procureur-général près la Cour royale de Douai, M. Legagneur, procureur-général près la Cour royale de Grenoble.

La promotion de M. Colin à la dignité de premier président à la Cour royale de Douai fit faire cette remarque que depuis l'établissement d'une Cour souveraine dans ce pays c'était la première fois que le chef de la compagnie était choisi hors du ressort.

Voici la liste de nos premiers présidens avec la date de leurs nominations :

1668 (conseil souverain de Tournai), de Blye. Il avait été premier conseiller du baillage de Lille.

1691 (Parlement de Tournai), Jacques de Pollinchove.

1718 (Parlement de Douai), Charles de Pollinchove.
1757   idem,   de Blondel d'Aubers.
1767   idem,   Charles de Calonne.
1781   idem,   Gaspard de Polinchove.
1800 (Cour d'appel, depuis C. imp.), d'Haubersaert.
1813   idem,   De Warenghien.
1816 (Cour royale), Deforest de Quarldeville.
1839   idem,   Colin.

21. — Vers une heure du matin, la cloche du beffroi et le bruit des pompes annonçaient un incendie dans une fabrique de lin, près l'entrée des eaux. Le dommage n'a pas été considérable.

32. — Revue d'honneur du 4e régiment d'artillerie, passée par le général Gourgaud. De grandes manœuvres à feu furent exécutées. A onze heures du matin le bruit du canon commence à se faire entendre et se prolonge ensuite par un formidable *crescendo* bien avant dans l'après-midi. Tous les yeux se portèrent sur le général Gourgaud qui, à cheval et dans la plus bril-

lante tenue militaire, présidait à ces manœuvres. Un reflet de gloire de l'empereur semblait se projeter sur le compagnon de son exil, sur le jeune général qui, après avoir brillé dans le cortége du héros aux beaux jours de sa gloire, le suivit sur le rocher de Sainte-Hélène quand le jour de l'adversité fut venu.

1ᵉʳ *octobre.*—M. le colonel Evain, admis à la retraite, quitte la direction de l'arsenal de Douai. Le long séjour que M. Evain a fait parmi nous, les liens qui l'attachent à la cité en ont fait un de nos concitoyens, et notre ville peut avec orgueil le considérer comme un de ses enfans.

19 *octobre.* — Le conseil municipal de la ville de Douai, réuni extraordinairement en vertu d'une autorisation du sous-préfet, décide qu'il sera perçu pour valeur représentative du droit de place dans l'abattoir public et commun de la ville de Douai, les droits indiqués au tarif ci-après, savoir :

Pour chaque bœuf ou vache, 3 fr. 75 c. ; pour chaque veau, 2 fr. ; pour chaque mouton, brebis ou agneau, 1 fr. 30 c. ; pour chaque porc, 2 fr. 30 c. ; pour chaque tripée de bœuf ou vache, 15 c. ; pour chaque tripée de veau, 5 c. ; pour chaque tripée de mouton, 5 c. ; pour chaque cent kilog. de suif fondu dans l'établissement, 1 fr. 50 c.

17. — M. Proyart est nommé notaire à Douai, en remplacement de M. Valentin, démissionnaire.

31. — M. Blot, propriétaire de la manufacture de St-Vaast, à Douai, fait annoncer que les ouvriers, hommes, femmes et enfans pourront toujours trouver du travail dans ses ateliers.

1ᵉʳ *novembre.* — ALERTE ASSEZ SINGULIÈRE A DOUAI, RUE DU CANTELEUX. — Vers sept heures du soir, un habitant de ce quartier aperçut, à la lueur d'un réverbère, un individu qui marchait dans les gouttières. Aussitôt de prévenir ses voisins et chacun de veiller à son toit. Mais l'individu a disparu ! Des perquisitions sont faites de toutes parts, plusieurs affirment entendre encore le bruit des pas sur le haut des maisons : on écoute, on n'entend plus rien. Enfin, après une surveillance qui se

prolonge assez avant dans la nuit, après bien des ter-
reurs on se décide à se coucher, quant tout à coup la
rue est réveillée par des cris : « Au voleur ! » On raconta
le lendemain qu'un vol de 1,800 fr. avait été commis
chez un épicier.

4. — Mort de Mlle Louise-Charlotte-Hubertine Pamart. On se rappelle encore que ce fut chez elle où l'infortuné Charles X logea lors de son passage à Douai.

11. — Le bruit se répandit dans la salle des spectacles
qu'un vol considérable venait d'être commis chez l'un
de nos plus riches propriétaires. La police se mit en
mouvement et on vit bientôt quelques loges se vider
pour courir aux informations. On apprit depuis que les
voleurs ne s'étaient adressé qu'à la propriété du sieur
Calot, jardinier de M. Taffin ; qu'après avoir forcé un
secrétaire dans sa demeure ils avaient emporté une
somme de 200 fr.

12. — Ce jour est décédé, à l'âge de 83 ans, M. Devinck, conseiller à la Cour royale de Douai.

30. — Ordre du jour du conseil municipal de Douai :
1° subvention au théâtre ; 2° indemnité au ministre
protestant.

— M. Courtois, directeur des contributions indirectes de l'arrondissement de Douai, est nommé directeur de département à Lons-le-Saulnier.

20 décembre. — Par ordonnance en date de ce jour,
M. Cahier, substitut du procureur-général près la Cour
royale de Douai, est nommé conseiller près ladite Cour,
en remplacement de M. Devinck, décédé.

27. — La Société royale et centrale d'agriculture,
sciences et arts du département du Nord, admet au
nombre de ses membres résidans, M. Deledicque,
avocat.

30. — Vers six heures du soir, le vol le plus audacieux fut commis chez M. le docteur Gelez : on s'introduisit dans son jardin, on monta par l'extérieur au
premier étage, on cassa un carreau de vitre à une fenêtre (la seule dont les persiennes ne fussent pas fermées) ;
on s'introduisit dans la chambre du docteur. Là on

ouvrit une commode, d'où on enleva un sac d'argent de 400 fr., une boîte de bijoux et une paire de pistolets. On commençait à jeter les matelas sous les fenêtres, au pied du mur, dans le jardin. Cette opération fit quelque bruit en renversant une table de nuit. La domestique, qui était en ce moment dans une chambre au même étage, fut saisie de frayeur et appela du secours. Trois autres personnes qui étaient dans la maison, accoururent, mais quand on pénétra dans la chambre du docteur, on ne put que constater le désordre des meubles et les effractions commises. On n'y trouva plus personne. Les domestiques visitèrent le jardin où ils ramassèrent le matelas. Des empreintes nombreuses de pas d'hommes furent bien remarquées, mais on ne put s'expliquer comment avait eu lieu l'escalade des murailles du jardin et du premier étage de la maison. Le lendemain du crime, on retrouva dans le jardin la paire de pistolets et la boîte aux bijoux sur le gazon, où on les avait abandonnées.

MOUVEMENT DE LA POPULATION DE LA VILLE DE DOUAI, PENDANT L'ANNÉE 1839.

Naissances.

Garçons.	288
Filles.	286
Total.	574

Mariages.

Garçons et filles.	104
Garçons et veuves.	10
Veufs et filles.	9
Veufs et veuves.	7
Total.	130

Décès.

Garçons.	132
Hommes mariés.	57
Veufs.	28
Filles.	122
Femmes mariées.	57
Veuves.	50
TOTAL.	446

1840.

2 *janvier*. — Dans la soirée, une aurore boréale est observée à Douai.

5. — La femme d'un journalier de Douai, dans un état complet d'ivresse, eut la fantaisie de s'emparer de la queue d'un cheval en course, et la tint depuis la rue d'Equerchin jusqu'au cabaret du *Dernier Sous*, route de Planques. Les ruades qu'elle reçut de ce cheval et la fatigue qu'elle éprouva la forcèrent d'abandonner l'animal et de se reposer sur le bord d'un fossé, où elle crut pouvoir retrouver assez de force pour rentrer en ville. Trompée dans son espoir, elle réclama les secours des passans qui lui donnèrent des soins inutiles, puisqu'elle mourut peu d'instans après.

7. — M. Gigault de la Bédollière, directeur des contributions indirectes à Fontenay (Vendée), est nommé aux mêmes fonctions à Douai.

10. — Mort de M. Delepouve, conseiller à la Cour royale de Douai. Les excellentes qualités de ce magistrat le firent regretter de tous les justiciables du ressort. M. Delepouve n'avait que 54 ans.

23. — M. Carpentier, gérant de la *Feuille de Douai*, meurt à l'âge de 59 ans.

4 *février*. — M. Gambier, lieutenant-colonel d'artillerie, est nommé à Douai, en remplacement de M. Evain, admis à la retraite.

6. — Le frère Charles, cénobite du Mont-Carmel, arrive à Douai. Il y recueille des aumônes pour la réédification de son monastère, détruit par Abdallah.

8. — Par ordonnance du roi en date de ce jour, M. Daix, clerc de notaire, est nommé commissaire-priseur en remplacement de M. Lecamus, démissionnaire.

11. — M. l'abbé Bourlet est admis au nombre des membres correspondans de la Société royale et centrale d'agriculture, sciences et arts du département du Nord.

13. — Voici l'état des médailles décernées, sur la proposition du comité central de vaccine, aux vaccinateurs de l'arrondissement de Douai qui se sont distingués par leur zèle pendant l'année 1838 :

22

MM. Brisset, officier de santé à Cantin, médaille en argent; Buisson, officier de santé à Auberchicourt, médaille en argent; Lequien, docteur-médecin à Douai, médaille en bronze.

— MM. Capon et Stiévenart, notaires à Douai, sont délégués par les confrères pour aller à Paris soutenir leurs intérêts dans la question des offices.

21. — Par arrêté de M. le ministre de l'intérieur, M. Ceret-Carpentier est nommé imprimeur à Douai, en remplacement de M. Carpentier, décédé.

24. — Un suicide a encore lieu à Douai! Un ancien cocher, demeurant rue des Ferronniers, qui avait passé sa soirée à fêter plusieurs de *ses pays*, rentra au logis un peu tard. Accueilli par des reproches et la boisson aidant, le désespoir lui vint. Il monta à son grenier, s'attacha le cou à une corde et dit adieu à la vie. On retrouva son cadavre le lendemain matin.

10 *mars*. — M. l'abbé Vinay, proviseur du collège royal de Douai, fait distribuer par les dames de la charité, aux pauvres de la paroisse St-Pierre, un secours de 357 fr., produit d'une collecte faite entre les fonctionnaires et les élèves de cet établissement.

27. — ÉVÉNEMENT MALHEUREUX DANS LA COMMUNE DE MASNY. — Une femme de ce village, entourée de trois enfans, était à table pour dîner, lorsque tout à coup le pavé de la chambre s'écroule et fait descendre la table, le dîner, la mère et les enfans dans la cave qui se trouvait inondée depuis quelques jours. Les eaux avaient crevé la voûte. L'un des enfans mourut dans la chute.

12. — Qu'on ne dise plus que Bouchain est arriéré pour la civilisation; on y possède les voleurs les plus audacieux et les plus subtils qu'on puisse rencontrer dans la capitale. Le trait suivant en donne une preuve irrécusable:

Un cultivateur de Lieu-St-Amand, poussé par le besoin, était venu à la foire de Bouchain pour y vendre une vache; il en trouva 120 fr. que sa femme prit avidement et qu'elle serra dans un panier qu'elle portait au bras, s'écriant comme Bias, mais dans le langage de son village, *fortunam mecum porto*. Le soleil était

brillant et avait fait naître dans l'âme de la villageoise
l'idée de profiter de la vente de sa genisse pour se procurer quelques vêtemens dont elle était fière d'avance
de se voir parée le dimanche suivant. Les emplettes se
firent et elle introduisait sa main dans le panier pour
en retirer le sac qu'elle y avait déposé ; mais, ô désespoir ! ses doigts crochus et écartés se promenèrent en
vain dans tout l'intérieur du panier, on y avait fait le
vide, et elle ne put donner au marchand que de grosses
larmes que lui arrachèrent son désappointement et
son chagrin.

28. — Publication des *Souvenirs de l'Algérie et de
la France méridionale*, par M. Dopigez. « L'auteur, aumônier d'un régiment d'infanterie légère et attaché à
la brigade d'avant-garde, a partagé avec nos soldats
leur bonne et mauvaise fortune ; il a vu leur bravoure
sur le champ de bataille, leur constance dans les pri-
vations et leur gaîté au repos du bivouac. Plus qu'aucun autre il peut nous dire quels étaient leurs pensées,
leurs sentimens, et, sous tout rapport, son livre offre un
véritable intérêt. M. Dopigez y donne la relation im-
partiale des opérations militaires dont l'Afrique a été le
théâtre depuis le départ de Toulon en 1830, jusqu'au
fait d'armes sublime des 123 défenseurs de Mazagran. »
(*Feuille de Douai*, 7 avril 1840.)

5 *avril.* — Arrivée à Douai de la 11ᵉ compagnie de
fusiliers-vétérans, venant de l'abbaye de Loos et se
rendant à Bar-le-Duc. On éprouvait une sensation qui
avait quelque chose de pénible à la vue de ces vieillards
qui, après avoir semé leur sang çà et là sur les champs
de bataille de l'Europe, portaient encore comme à vingt
ans le mousquet sur l'épaule et le havre-sac sur le dos.

8. — M. A... P..., fabricant d'huile, dont les affaires
avaient cessé depuis près d'un mois, est arrêté à son
domicile, à Douai, et ensuite écroué à la prison St-Vaast,
sous la prévention de banqueroute. Le passif de cette
maison s'élevait à 210,000 fr.

11. — Mort de M. le colonel de Reyniac, ancien
commandant d'armes à Douai. M. le sous-intendant
Dubois prononça sur la tombe du défunt un discours où
nous trouvons retracés les principaux traits de la vie

militaire de M. de Reyniac. (V. le *Libéral du Nord*, 14 avril 1840).

15. — M. Delaëtre, président de chambre à la Cour royale de Douai, mourut ce jour à l'âge de 83 ans. M. Delaëtre, de Bourbourg, avait été appelé à faire partie du tribunal d'appel de Douai, en vertu de la loi du 18 mars 1800; il fut successivement président du tribunal criminel spécial, conseiller à la Cour d'appel et président de chambre, poste qu'il occupait depuis 1818.

— M. le colonel Lacretelle, commandant la place d'Arras, est appelé à remplacer M. de Reyniac.

— Ce jour encore se faisaient les funérailles d'un ancien brave, vieil enfant de la république. C'étaient celles du capitaine d'artillerie Robert, mort à l'âge de 67 ans. Canonnier volontaire en 1792, on l'avait vu à la défense de Montmédy, à la bataille de Bossu, aux deux siéges de Charleroi, à celui de Mastrecht, aux différens passages du Rhin, aux affaires de Limbourg, de Neumack, à la bataille de Wurtzbourg, à l'expédition d'Irlande, et plus tard en Espagne, où il fut décoré, aux affaires de Tomanes et à celles d'Albadetarmes. En 1814 il contribuait à la défense de Venloo, et en 1815 il combattait encore sur le champ de bataille de Waterloo.

17. — Le cadavre d'un enfant de 6 ans est trouvé dans le canal de la Deûle, près du fort de Scarpe. Ce cadavre est reconnu pour être celui du jeune Oscar Ogrez, né à Douai. Cet enfant avait disparu depuis plusieurs jours.

23. — Mlle Vauchelet, de Douai, est admise au Conservatoire de Paris.

27. — Un arrêté du préfet adjoint M. Edouard Leglay, ancien élève de l'école des Chartes, au nombre des membres résidans de la commission historique du département du Nord. M. Quenson, conseiller à la Cour royale de Douai, et M. Wallez, professeur, sont nommés membres correspondans.

6 *mai*. — NOMINATIONS. — M. Petit au siége de président à la Cour royale; M. Lenglet, procureur du roi près le tribunal de Douai, en remplacement de M.

Petit, nommé président; M. Mastrick, substitut près
du même tribunal, en remplacement de M. Lenglet;
juge-suppléant au tribunal de Douai, M. Honoré, avocat à la Cour royale de Douai; substitut au même siége,
M. de Guerne, substitut près le tribunal de Valenciennes.

9. — Une ordonnance du roi autorise le baron de La
Grange, demeurant à la Motte-au-Bois (Nord), à construire un pavillon, à la charge de le démolir s'il deve-
nait nuisible au sol forestier.

10. — Mort de M. Delecroix, maire de la ville de
Douai. Peu d'hommes emporteront dans la tombe autant et de si unanimes regrets.

44. — Encore un suicide par strangulation, à Douai,
rue Obled. Le pendu est un menuisier.

— M. Hilaire Ledru, peintre, né dans les environs de
Douai, est trouvé mort tout habillé, dans son appartement, boulevard Poissonnière, à Paris. M. Hilaire Ledru
est connu par plusieurs productions qui ont eu du
succès sous l'Empire et la Restauration.

15. — Une circulaire du préfet, en date de ce jour,
fixe au 31 juillet l'époque à laquelle commenceront les
travaux annuels de réparation et de chemins vicinaux.
MM. les agens-voyers doivent diriger et surveiller ces
travaux.

— Le conseil de salubrité de Paris rédige un avis
qui donne les premiers moyens préservatifs à employer
en cas de morsure de chien enragé. Voici en quels
termes est rédigé cet avis qui fut publié par toute la
France :

« Toute personne mordue par un animal enragé ou
soupçonné tel, devra, à l'instant même, presser sa blessure dans tous les sens afin d'en faire sortir le sang et la
bave. On lavera ensuite cette blessure, soit avec de
l'alcali volatil étendu d'eau, soit avec de l'eau de lessive, soit avec de l'eau de savon, de l'eau de chaux ou
de l'eau salée, et à défaut avec de l'eau pure ou même
de l'urine. Puis on fera chauffer à blanc un morceau
de fer que l'on appliquera profondément sur la blessure. »

23.—*Souvenir de l'un de nos vieux braves.*—M. Jean-Baptiste-Hypolite Garson, ancien capitaine-commandant le 5e escadron du train d'artillerie, fut atteint d'apoplexie ce jour, et mourut peu d'instans après. M. Garson était né à Arras, et était arrivé à l'âge de 71 ans, en conservant une assez bonne santé. La mort le frappa comme d'un boulet.

Volontaire de 1791, il fournit toute entière la brillante carrière de nos armes durant la république et l'empire. Ses premières campagnes se sont faites au camp de la *Lune*, au siége de Charleroy, à la bataille de Fleurus. Il passa ensuite à l'armée de Sambre-et-Meuse, à celle du Danube et de l'Helvétie, au corps d'observation de la Gironde, en Portugal, au camp de Saintes, à l'armée d'Italie et de Naples, à l'expédition de Livourne et au siége de Gaëte, où il reçut la croix des braves. Il fit ensuite partie de l'armé d'Italie, de la grande armée et de l'expédition sur le Tyrol; il était à la prise des redoutes de Caldières et à la bataille de Wagram. A la campagne de Saxe, en 1813, il se battait à Bautzen, à Lutzen, à Dresde et à Hanau; à la campagne de 1814, il était aux batailles de Montmirail et de Paris; en 1815, à l'armée du Rhin et au blocus de Strasbourg.

M. Garson était un de ces hommes du peuple qui se concilient toutes les sympathies par l'excellence de leur caractère. Il avait pris sa retraite en 1824, et vivait à Douai depuis cette époque.

30.—M. Hypolite Bis, de Douai, est nommé chef de bureau à l'administration des contributions indirectes, où il occupait depuis plusieurs années le grade de sous-chef.

— M. Cousin, ministre de l'instruction publique, adresse à tous les colléges des instructions pour rappeler les professeurs à la sévérité du costume universitaire, un peu négligé en province et même à Paris.

3 *juin.* — Un arrêté du préfet, en date de ce jour, défend de balayer les chemins pavés des routes royales et départementales, pour ramasser les engrais.—Le ramassage des engrais ne sera toléré que lorsqu'il sera opéré à la main.

13. —Une ordonnance royale autorise le sieur Dronsart à reconstruire les ouvrages composant le système hydraulique du moulin qu'il possède sur le ruisseau d'Escrebieux, commune de Cuincy (Nord).

23. —M. Constant Petit, ancien élève de l'Académie de dessin sous M. Wallet, obtient la médaille au concours des beaux-arts.

24. — MM. Danel, Delval et Evain sont élus membres du conseil municipal.

30. — Publication d'un ouvrage qui a pour titre : *Mnémosyne romaine*, par M. Cadart, professeur au collége royal de Douai. —Imprimerie de V. Adam.

9 *juillet*. —Après un assez long espace de temps, MM. Delegorgue et Campion, de Douai, qui, il y avait deux ans, étaient partis pour le cap de Bonne-Espérance avec l'intention d'explorer la cafrérie et autres contrées sauvages, donnent de leurs nouvelles.

12. — Premier jour de la fête communale de Douai; la société de *Musique Sacrée* exécute, dans l'église de St-Pierre, la messe du sacre de Chérubini, sous la direction de M. Charles Choulet.

22. — Est mort à Douai, à l'âge de 87 ans et demi, M. Demonteville, ancien avocat au Parlement de Flandre et bibliothécaire de la ville de Douai, depuis le 19 juillet 1791 jusqu'au 5 juillet 1806.

26. —La musique de l'artillerie exécute sur la place d'Armes plusieurs morceaux d'harmonie, à l'occasion de l'anniversaire de juillet 1830. Un de ces morceaux retrace avec fidélité toutes les phases de l'insurrection. La *Marseillaise*, la *Parisienne*, le *Tocsin*, la *Charge*, les chants de victoire, les regrets accordés à ceux qui ont succombé, rien n'y manque.

6 *août*. — Le ministre de l'intérieur adresse une circulaire aux préfets pour leur demander de consulter les conseils généraux sur plusieurs questions qui concernent les services de bienfaisance, et d'en faire l'objet d'une étude approfondie.

18. — Une jeune fille de seize ans, domestique chez une dame de Douai, se donne la mort en se jetant dans

le puits de la maison qu'elle habitait. Elle s'était levée de grand matin pour accomplir, à l'insu de tout le monde, cet acte de désespoir que l'on ne sut à quelle cause attribuer.

19. — M. Letourneux est installé dans ses fonctions de procureur-général près la Cour royale de Douai. Un discours de M. Colin, premier président, et un autre de M. Letourneux sont entendus dans cette audience solennelle

5 *septembre.* — M. l'abbé Vinay, proviseur du collége de Douai, est nommé au provisorat de Rhodez.

M. Forneron, ancien censeur du collége de Troyes, est nommé en remplacement de M. Vinay.

9. — Un incendie eut lieu dans la commune de Lewarde pendant la nuit; les progrès en furent rapides et menaçans. On accourut jusqu'à la ville pour demander du secours; une pompe se rendit sur les lieux, et malgré le zèle de ceux qui concourent à arrêter les flammes, sept maisons furent consumées.

10. — Le ministre de la guerre annonce au préfet du Nord que 56,000 hommes d'infanterie et vingt mille hommes de cavalerie seraient logés chez les habitans, dans les villes frontières, pendant une partie de l'année.

18. — Mort de M. Ducrez, doyen des conseillers de la Cour royale de Douai. Il était âgé de 79 ans. M. Ducrez, de Condé, avait été nommé juge au tribunal d'appel par arrêté du 26 juin 1800. Ce tribunal fut transformé en Cour impériale en 1811, et M. Ducrez, nommé conseiller; fut également conservé à la réorganisation de la Cour en 1816.

Il ne reste plus à la Cour de Douai, du tribunal d'appel formé en 1800, sur vingt juges dont il se composait, qu'un seul conseiller, M. Vigneron. On y retrouve encore M. le président Gosse de Gorre, qui en était le substitut du commissaire du gouvernement, et M. Lagarde, greffier en chef, qui en était le greffier.

De la Cour impériale de 1811 restent :

MM. Vigneron, conseiller, ancien conseiller;
Dumoulin, id. id.;
Gosse, président, ancien avocat-général;
Maurice, conseiller, ancien substitut;
Lagarde, greffier en chef, ancien greffier.

23. — Dans la soirée, plusieurs militaires, à la suite d'une querelle, parcouraient la rue Notre-Dame et paraissaient se rendre hors de la ville pour choisir un lieu de combat. Comme cela arrive ordinairement, ils étaient suivis d'une foule d'enfans assez bruyans. L'un des militaires se retourne furieux, et le sabre à la main, se met à la poursuite des gamins, les atteint et les frappe. Le jeune Pèpe, qui, il y avait six ans échappait à la mort comme par miracle dans un éboulement de terre où périrent onze de ses camarades, tombe blessé si dangereusement qu'on le pense tué sur le coup. On apprit cependant qu'il n'était pas mort.

24. — MM. Watelle et Faucheux, docteurs en médecine, membres de la Société médicale de Douai, sont nommés membres du conseil de salubrité de cet arrondissement.

7 octobre. — Installation de MM. Honoré, Bois et Delval, comme maire et adjoints de la ville de Douai. Aucune solennité municipale n'avait depuis bien longtemps réuni autant de monde. La bourgeoisie et le commerce s'y pressaient en foule. La musique de la garde nationale, qui assistait à la cérémonie, fit entendre l'air de la *Marseillaise*, au moment où M. le sous-préfet entrait dans la salle avec le corps municipal. M. Honoré prononça un discours, où après avoir payé un juste tribut d'éloges à son prédécesseur, l'honorable M. Delecroix, il promit son appui et ses soins au commerce et à l'industrie de notre ville. La musique de la garde nationale et celle des pompiers, exécutèrent ensuite plusieurs morceaux d'harmonie qui terminèrent la séance.

11. — Par ordonnance royale, M. Bourriot, de Douai, chef d'escadron, commandant le 6ᵉ escadron du train des parcs d'artillerie, est nommé lieutenant-colonel du même escadron.

12. — Dans la soirée, de nombreux ouvriers parcoururent la ville de Douai en chantant la *Marseillaise*.

— Installation de deux nouveaux membres de la commission des prisons de Douai; ces membres sont

23

MM. Lenglet, conseiller à la Cour royale, et Nully, avoué près le tribunal de première instance.

29. — Dans la soirée, deux personnes de Douai revenant en cabriolet, s'arrêtèrent à Cantin et descendirent de voiture. Le cheval abandonné un instant, prit le galop. Vainement les deux voyageurs se mirent-ils à sa poursuite, il avait disparu.... Ils ne purent se mettre sur ses traces. Ils vinrent jusqu'à Douai, coururent toute la nuit sans rien découvrir. Enfin ils trouvèrent à Férin un cabriolet renversé d'un côté, des brancards détachés d'un autre côté, et un cheval à la porte d'une ferme. C'était le malheureux équipage fracassé. A Cantin, le cabriolet avait un coussin, et sur ce coussin était un sac de mille francs et un fusil de chasse ; à Férin, rien de tout cela ne se retrouva plus, et des recherches inutiles furent faites depuis lors pour se mettre sur les traces de ces objets.

3 *novembre*. — Rentrée de la Cour royale. Le discours est prononcé par M. le procureur-général lui-même. Les personnes qui assistaient à cette cérémonie remarquèrent avec satisfaction que le portrait de Louis XV, donné par ce prince au Parlement, avait repris dans la grand'salle la place qu'il y occupait avant 1830.

6. — Circulaire de M. Martin (du Nord) aux procureurs-généraux, près les Cours royales de France.

26. — Souscription ouverte à Douai au profit des victimes des inondations de l'est et du midi de la France.

28. — Mort de M. le président de Courcelles.

15 *décembre*.—Par ordonnance du roi, MM. Desfontaines-d'Azincourt et Mollier sont nommés, le premier colonel, le second lieutenant-colonel de la garde nationale de Douai.

18. — Par décision de M. le ministre des travaux publics, en date de ce jour, M. Blavier est nommé ingénieur en chef des mines du département du Nord, en remplacement de M. Lorieux.

Une seconde décision ministérielle du 23, transfère de Valenciennes à Douai la résidence de l'ingénieur en chef des mines.

27. —Un homme d'une trentaine d'années est trouvé gelé dans les fortifications de Douai, près du chemin des *Écorcheurs*.

29. — Une ordonnance de M. le garde-des-sceaux, nomme président des assises du Nord, pour le 2e trimestre de 1841, M. Leroux de Bretagne. Ce magistrat venait de présider celles du 4e trimestre de 1840.

MOUVEMENT DE LA POPULATION DE LA VILLE DE DOUAI PENDANT L'ANNÉE 1840.

Naissances.

Garçons.	299
Filles.	261
Total.	560

Mariages.

Garçons et filles.	98
Garçons et veuves.	6
Veufs et filles.	5
Veufs et veuves.	3
Total.	113

Décès.

Garçons.	174
Hommes mariés.	71
Veufs.	42
Filles.	140
Femmes mariées.	54
Veuves.	57
Total.	538

1841.

1er *janvier.* —Une circulaire émanée de la préfecture du Nord, renouvelle à MM. les maires l'invitation la plus formelle de s'abstenir désormais d'autoriser les voyageurs français à passer en Belgique avec leurs passe-ports à l'intérieur. Ces voyageurs doivent se pourvoir

de passeports à l'étranger, qu'ils sont tenus de faire
visor à leur entrée sur la frontière.

— M. St.-Albin, artiste dramatique, mourut à Douai.
Les théâtres de Rouen, Lyon, etc., l'ont eu tour à tour en
qualité de premier comique. St-Albin avait conservé un
talent plein de naturel dans les rôles de l'ancien répertoire

— Une femme dont le mari était à l'hospice des
vieillards de Douai, fut trouvée morte dans le pauvre
réduit qu'elle habitait rue de Lille. Il y avait déjà plusieurs jours que la mort avait frappé cette infortunée,
quand son cadavre fut relevé pour recevoir la sépulture.

14. — Sur la demande de M. le comte de Montozon,
député du Nord, M. le ministre de l'intérieur fait don
à la ville de Douai du portrait en pied du roi des Français.

— La commission de surveillance de la bibliothèque
publique est installée. Elle se compose de M. Honoré,
maire, *président* ; M. Duhem, docteur en médecine,
secrétaire; et de MM. Leroy, de Béthune (Emmanuël),
Preux, Tailliar, Minart et Pilate-Prevost.

— L'inondation exerce ses ravages. Jamais de mémoire d'homme les eaux ne s'étaient élevées à la hauteur
qu'elles atteignent cette année dans la ville et les
environs. Du haut des remparts, la commune de Lambres, presqu'entièrement inondée, apparaît comme
un lac immense.

15. — La rue de la Verte-Porte est envahie par les
eaux de la Scarpe, de manière à intercepter entièrement la circulation pour les gens de pied. Plusieurs
habitans sont mis à l'impossible de sortir de leurs
maisons.

30. — Sur la proposition de M. l'inspecteur des écoles
primaires, le comité d'instruction de l'arrondissement
de Douai décerne une mention honorable aux dames
de la Providence, surveillantes de la salle d'asile de
Douai.

1ᵉʳ *février*. — M. le desservant de la commune de
Lewarde, voulant confier spécialement le soin de creuser les fosses du cimetière à une personne du village,

afin de voir apporter plus d'exactitude dans ce service, excita les murmures de quelques individus, qui prétendaient que ce soin appartenait au premier venu. Ce jour, un service funèbre eut lieu, et la fosse fut creusée par le fossoyeur commis à cet effet ; mais plusieurs individus exaspérés bouchèrent la fosse et en établirent une autre. M. le curé cédant à ce caprice, inhuma le défunt dans la nouvelle fosse. Jusqu'ici donc cette scène n'avait présenté qu'un désordre intolérable ; mais à peine le cadavre était-il recouvert de terre, que plusieurs cris vociférés contre le prêtre, soulevèrent l'indignation des assistans. Procès-verbal ayant été dressé, des gendarmes se rendirent le lendemain sur les lieux, et procédèrent à l'arrestation des plus mutins. La justice fit comprendre à ces individus plus égarés que coupables, qu'un desservant est libre de choisir un fossoyeur, comme une commune d'élire ses conseillers municipaux.

9. — Résultat des assises du 1er trimestre 1841. — Président, M. Souquet. — Assesseurs, MM. Enlart de Guémy et Francoville.

32 causes étaient au rôle et comprenaient 40 accusés, dont 33 hommes et 7 femmes.

Ont été condamnés : aux travaux forcés, 14 ; à la réclusion, 5 ; à l'emprisonnement, 12 ; acquittés, 9 ; total, 40.

11. — Trois frères de St.-Joseph sont attachés en qualité de surveillants à la prison St.-Vaast.

23. — M. Moguez, de Douai, est nommé professeur de seconde à l'Athénée royal de Tournai.

5 mars. — Dans la nuit du 5 au 6 mars, un cheval est volé chez le sieur Humez, aubergiste au faubourg d'Arras. Le bruit que le voleur avait fait en brisant la porte pour s'introduire, n'avait pas tardé à attirer le propriétaire, mais le délinquant avait déjà enfourché le corps *du délit*, et fuyait à quatre jambes, tandis que l'autre, avec deux, ne put parvenir à le suivre.

9. — Instruction pastorale de Mgr. l'évêque de Cambrai, sur la soumission due aux puissances établies.

12. — Dans la matinée, la jeune femme d'un sous-officier de la garnison de Douai se donne la mort en avalant une forte dose de poison.

— Par décision de M. le garde-des-sceaux, ministre de la justice et des cultes, un secours de 1000 fr. est accordé à la commune de Flers, pour acquitter les frais de la réparation de son église.

13. — Tout le monde a pu remarquer le jardin potager qui se trouve à l'entrée du cimetière commun. C'est aux soins d'un ancien jardinier que l'administration des hospices l'avait confié, et la baraque élégante bâtie près de ce cimetière, servait de demeure habituelle au vieillard. Ce jour donc au matin, comme de coutume, on lui porta des vivres, mais la porte était close ; on frappa, point de réponse ; on se transporta jusqu'au faubourg dans un cabaret où le solitaire allait quelquefois savourer le nectar du pauvre, de l'eau-de-vie, le solitaire n'avait point paru ce jour-là. Alors que faire ? On retourna à la baraque heurter de nouveau contre la porte ; même silence. Une demi-heure après un serrurier vint crocheter cette porte, et l'on trouva le pauvre jardinier étendu sans vie dans son lit. On attribua sa mort à une attaque d'apoplexie foudroyante.

19. — Une cérémonie bien touchante eut lieu ce jour en l'église Saint-Jacques ; une jeune anglaise, venue de son pays pour enseigner sa langue dans un pensionnat de demoiselles de notre ville, y fit son abjuration entre les mains de M. Burchall, prieur des Bénédictins anglais.

20. — M. E. L. Maniez, conseiller à la Cour royale et rédacteur en chef du *Recueil* des arrêts de cette cour, publie un opuscule qui a pour titre : *Réflexions sur l'utilité et les inconvéniens que présente la réorganisation d'un corps d'auditeurs, près les tribunaux de première instance.*

27. — A cette époque, la mort sévit d'une manière extraordinaire dans le 2e régiment d'artillerie en garnison à Douai.

— A Douai il suffit qu'un noble exemple soit donné pour qu'il trouve aussitôt des imitateurs ; Mme C... (on regrette de ne pouvoir citer le nom propre), avait eu l'heureuse idée de faire à une de ses dernières soirées une loterie au profit des salles d'asile. Cette pensée de charité ne resta pas sans écho. Ce jour, une société des plus brillantes se pressait chez Mme de T... (même regret), où avait été formée une seconde loterie dans le même but de bienfaisance. Elle rapporta 1,325 fr.

6 *avril*. — M. le préfet du Nord adresse une circulaire à MM. les maires du département, afin de connaître le nombre des ruches d'abeilles exploitées dans leurs communes respectives, leurs produits, le prix moyen de chacune d'elles, le poids moyen de la laine lavée à dos donnée annuellement par chaque mouton ou brebis, le prix courant de cette laine, la quantité en quintaux métriques de la paille donnée par chaque hectare, en froment, en seigle, etc., et enfin le prix moyen de chaque sorte de paille.

8. — M. le maire de la ville de Douai arrête qu'à partir du lundi 26 avril un marché aux fleurs, plantes et arbustes sera établi et aura lieu tous les lundis, rue du Mont-de-Piété, et durera depuis huit heures du matin jusqu'à midi.

20. — Par une circulaire en date de ce jour, le préfet du Nord appelle l'attention des maires sur l'exercice de l'art vétérinaire. D'après une décision ministérielle, aucun propriétaire ne pourra désormais prétendre à des indemnités pour pertes de bestiaux morts d'épizootie, sans justifier d'un certificat du maire constatant qu'un vétérinaire breveté a été appelé pour les traiter. Le seul cas où ce certificat ne serait pas exigé et celui où il n'existerait pas de vétérinaire breveté dans un rayon de huit kilomètres autour de l'habitation où l'épizootie aura régné.

— Un détachement de l'armée de don Carlos arriva ce jour à Douai, et repartit le lendemain, se dirigeant sur Lille.

— Un arrêté du préfet à la date de ce jour, fixe la répartition des frais d'entretien des chemins vicinaux de grande communication, en 1841 ; la ville de Doua y figure pour 264 fr. au chemin n° 8 de Douai à Seclin et pour 412 fr. au chemin n° 10 de Douai à Bapaume.

— La femme D..., marchande épicière rue de la Cloche, à Douai, mourut ce jour des suites d'un empoisonnement volontaire. L'empoisonnement eut lieu par l'acide hydrocianique.

— Ici le rôle des assises donne une triste idée de la statitisque morale du département du Nord. On y compte un assassinat, un infanticide, un empoisonnement, quatre tentatives d'assassinat, une affaire de coups et blessures qui ont occasionné la mort, et un incendie.

24. — Le maire de la ville de Douai prévient ses concitoyens que le receveur municipal paiera, à son bureau, l'indemnité due aux habitans qui ont logé des troupes en station pendant les 3e et 4e trimestre 1840.

7 mai. — Compte-rendu des opérations de la Caisse d'épargne, depuis son ouverture (20 octobre 1833), jusqu'au 1er janvier 1841 :

	fr.	c.
Sommes déposées.	3,011,817	28
Intérêts capitalisés.	172,849	29
TOTAL.	3,185,436	57
Remboursemens.	2,030,404	39
Différ. égale au solde dû aux déposans.	1,164,942	18

15. — M. le général Leboule, successeur de M. de Tournemine, prend possession du commandement de l'école d'artillerie de Douai.

25. — Installation de M. le procureur-général Piou.

26. — Un enfant nouveau-né est trouvé exposé sur les marches du péristile de l'église St.-Pierre. Recueilli par un ouvrier qui entendit en passant les faibles cris de l'innocente créature, le pauvre petit fut transporté chez M. le commissaire de police, et de là à l'hospice-général.

28. — Un enfant de la rue des Vierges eut les jambes fracassées par l'imprudence d'un marayeur. Voulant passer dans cette rue en même temps qu'un détachement, il accrocha cet enfant, qui tomba sous la roue.

11 juin. — Une cérémonie bien touchante avait lieu

à la salle d'asile de la rue des Malvaux. — Le comité
supérieur d'instruction primaire était allé offrir à la
sœur Catherine une médaille de bronze, en souvenir de
son dévouement pour les enfans confiés à sa sollicitude.

20. — Mort de M. Farez, ancien procureur-général,
président de chambre à la Cour royale de Douai. M.
Corne, député du Nord, prononça un discours fort
remarquable sur la tombe de cet honorable magistrat.
(V. *Libéral du Nord*, 24 juin 1841).

27.—Mandement de Mgr l'évêque de Cambrai pour
l'œuvre de la propagation de la foi et les réfugiés espagnols.

28. — Le colonel du 2ᵉ régiment d'artillerie en garnison à Douai, nommé secrétaire du comité d'artillerie,
est remplacé dans son commandement par M. le colonel
Dubarry de Lesqueron.

15 *juillet*. — Ce jour (jeudi), des ondées continuelles
suspendirent tous les jeux et divertissemens de la fête
communale de Douai, et la distribution des prix ne put
avoir lieu. Un accident vint marquer encore la dernière journée de la fête. Une voiture attelée de deux
chevaux et dans laquelle se trouvaient plusieurs personnes, s'était arrêtée sur le Barlet auprès des exercices
gymnastiques d'une troupe d'acrobates, lorsque tout
à coup une violente explosion, partie du tir à l'oiseau,
effraya les chevaux et les fit se précipiter à travers la
foule. Plusieurs personnes furent renversées ; une
femme et deux enfans furent dangereusement blessés.

21.—Mgr Belmas, évêque de Cambrai, meurt après
quarante ans d'épiscopat.

23. — Par ordonnence royale de ce jour, sont nommés : Avocat-général à la Cour royale de Douai, M.
Danel, avocat, juge-suppléant au tribunal de première
instance de la même ville, en remplacement de M.
Preux, appelé aux fonctions de procureur-général à la
Cour royale de Metz ; — juge d'instruction au tribunal
de Douai, M. Danniaux, en remplacement de M. Minart,
appelé au siége de conseiller.

10 *août*.—Le premier prix de violon au concours du
Conservatoire de Paris est, cette année, accordé à
l'élève Hermant, de Douai.

24

12. — Résultat des assises du Nord. — Présidence de M. Lefebvre de Troismarquet :

32 affaires, où se trouvaient impliqués 41 accusés, furent soumises au jury ; elles étaient ainsi composées :

15 vols ; 4 faux ; 3 viols ou tentatives ; 2 incendies ; 2 assassinats ; 1 abus de confiance ; 1 meurtre ; 1 blessures graves ; 1 rebellion contre la force publique ; 1 banqueroute frauduleuse ; 1 infanticide ; total, 32.

Répartition des peines : 1 condamné à mort ; 1 aux travaux forcés à perpétuité ; 4 aux travaux forcés à temps ; 6 à la réclusion ; 10 à des peines correctionnelles ; 16 acquittés ; 2 affaires remises ; 1 contre lequel on n'a pas prononcé de peine ; total, 41.

— Par arrêté préfectoral, les agens-voyers ne pourront plus désormais s'occuper de devis et constructions communales étrangères aux chemins vicinaux dont la surveillance leur est confiée ; d'un autre côté, tout devis présenté par un architecte pour ouvrages à faire sur lesdits chemins, ne seront point admis : ces travaux restent exclusivement dans le domaine des agens-voyers.

1er septembre. — Nouveau tarif de l'octroi de la ville de Douai, qui est mis à exécution à dater dudit jour.

15. — Toute la bourgeoisie fashionnable de Douai se porta vers le faubourg d'Arras. Il s'agissait d'une course à cheval. Deux amateurs, MM. B... et C... devaient lutter de vitesse, depuis la barrière de ce faubourg jusqu'au Mont-Saint-Laurent, avec retour. Mille francs étaient engagés dans le pari. Les deux concurrents se trouvèrent au lieu du rendez-vous vers quatre heures moins un quart. M. C... l'a fournie en soixante-deux minutes. La distance parcourue est de 36 kilomètres. Son adversaire est resté de plusieurs minutes en arrière. Proclamé vainqueur, M. C... a été reçu aux applaudissemens de la foule. (*Libéral du Nord*).

20. — Une ordonnance du roi nomme juge au tribunal de première instance de Douai M. Fiévet, avocat, docteur en droit, en remplacement de M. Danel, appelé à d'autres fonctions.

22. — Une femme se présenta au bureau du Mont-de-Piété de Douai pour y déposer un saint-ciboire. La

nature de l'objet éveilla aussitôt des soupçons dans l'esprit de l'employé ; et, demandant à cette femme d'où provenait ce vase , il en apprit qu'elle l'avait reçu d'un nommé Michel Delplanque dit *Pandour*. La police, mise immédiatement sur les traces de ce dernier, l'arrêta au faubourg de Valenciennes chez le sieur Fauché, cabaretier.

16 *novembre*. — M. de Montozon , fils du député de Douai, licencié en droit, est nommé auditeur au conseil-d'état.

23. — Nomination de M. Poultier , notre sous-préfet, à la sous-préfecture de Rheims. Il est remplacé par M. Poisson.

27. — Cour d'assises du Nord. — Présidence de M. Bigant.

37 affaires furent soumises au jury; elles étaient ainsi composées :

3 attentats à la pudeur; 2 tentatives de viol; 1 viol; 2 blessures graves; 2 vols et abus de confiance ; 1 cris séditieux; 2 incendies; 1 abus de confiance; 12 vols ; 1 faux en écriture de commerce; 2 faux en écriture privée ; 1 délits politiques; 1 faux en écriture authentique et privée; 2 banqueroutes frauduleuses ; 1 émission de fausse monnaie ; 2 tentatives d'assassinat ; 1 assassinat suivi de vol.

Répartition des peines : 1 condamné à mort; 5 aux travaux forcés à temps; 8 à la prison; 1 détenu dans une maison de correction ; 14 acquittés ; 2 affaires remises ; total, 31.

2 *décembre*. — Une ordonnance royale de ce jour érige l'évêché de Cambrai en métropole , avec l'évêché d'Arras pour suffragant, et autorise la publication en France de la bulle donnée à Rome à cet effet. Le nouvel archevêque est Mgr. Pierre Giraud , né à Montferrand , le 11 août 1791. D'abord curé de la cathédrale de Clermont et vicaire-général du diocèse, il avait été sacré évêque de Rhodez le 30 novembre 1830.

9 *décembre* — Publication d'une *Histoire sainte* , suivie d'un abrégé de l'*Histoire ecclésiastique jusqu'au*

concordat de 1802, par **M.** Dopigez, auteur des *Souvenirs de l'Algérie.*

15.—Dans l'après-midi, la dame Lorince, aubergiste *au Mariage*, tomba malheureusement dans un fossé situé à peu de distance de chez elle. Des enfans témoins de cet accident crièrent : « Au secours ! » et le sieur Collier, ouvrier chez M. Ambert, marchand de bois, averti par leurs cris, fut assez heureux pour la retirer encore vivante de la vase où elle avait la tête et une partie du corps enfoncées ; mais reconduite immédiatement à son domicile, elle expira quelques momens après.

MOUVEMENT DE LA POPULATION DE LA VILLE DE DOUAI, PENDANT L'ANNÉE 1839.

494 naissances ; 113 mariages ; 651 décès.

1842.

1er *janvier.*—LE RECENSEMENT SUSPENDU A DOUAI.— MM. Delval-Cambray, adjoint; Tarlier-Delcourt et Bomart (Anacharsis), conseillers municipaux désignés ce jour pour les opérations du recensement, refusent de consentir aux prétentions de M. le contrôleur, et se retirent en protestant contre tout recensement qui serait fait en l'absence de l'autorité municipale.

28. — Cour d'assises du Nord. — Présidence de M. le conseiller Vanvincq. — 1er trimestre de 1842.

Affaires : Vols et tentatives de vols ; banqueroute frauduleuse ; vol à Houplines ; cinq vols ; faux en écriture privée par un fonctionnaire public, quarante témoins ; faux témoins, acquittement ; vols, deux chefs d'accusation ; faux en écriture privée ; vol domestique ; viol ; banqueroute frauduleuse.

4. — Une blanchisseuse de la rue Morel est victime d'un vol audacieux. Elle était parvenue, après maintes économies, à se rendre propriétaire d'un joli manteau ; elle l'avait fait voir glorieusement à ses compagnes, nulle n'en avait d'aussi beau... La modeste blanchisseuse d'être joyeuse et à sa rentrée de mettre le manteau soi-

gneusement à sa place. Le lendemain le manteau avait disparu.

9. — Débats judiciaires relatifs à la succession de Mme la baronne Scalfort, décédée à Lallaing le 26 novembre 1841, laissant une fortune estimée à 146,000 f.

Voici ce qui donna lieu à ces débats :

A la mort de Mme Eulalie-Philippine-Joseph Scalfort, on représenta deux testamens olographes, l'un en date du 29 mars 1835, l'autre en date du 18 juin 1840. Celui-ci était fait en double. Ces deux testamens sont ainsi conçus :

« Je lègue et donne à la commune de Lallaing, après » ma mort, la maison que j'occupe, pour ladite maison » être affectée à un service de charité. Je veux qu'il y » soit formé un hôpital pour secourir les malades et les » infirmes. Je donne en outre à ladite commune de » Lallaing tous mes biens présens et à venir. L'argent » placé sera regardé comme immeuble pour le revenu » en être affecté à l'entretien et aux besoins de la maison » hospitalière que je désire fonder comme je l'ai dit ci- » dessus. »

Puis la testatrice prie LL. AA. les princes d'Aremberg, propriétaires à Lallaing, et M. le curé de la paroisse de vouloir bien, avec M. le maire de la commune, former le conseil d'administration de l'établissement.

En vertu de ces testamens, la commune de Lallaing se fit envoyer en possession des biens de la succession, après avoir rempli toutes les formalités usitées en pareil cas. Le mobilier fut vendu à sa requête.

Le 22 décembre le sieur Dutert, commis-négociant à Douai, se présenta avec un testament olographe, daté du 1er août 1841, et conçu en ces termes :

« Je lègue tous mes biens à M. Louis-Joseph-Oscar » Dutert, fils de Louise Marmouset et neveu de mon frère, » sous la condition expresse de remplir fidèlement les » dispositions relatives à ma sépulture et aux legs que je » laisse au souvenir de mes amis, lesquelles sont conte- » nues dans mes écrits précédens.

» Je me réfère, pour la nomination de mon exécuteur » testamentaire, à ce que j'ai fait.

»Fait et remis à Lallaing, ce 1er août 1841. »

Comment et dans quelles circonstances ce testament avait-il été remis au sieur Dutert, c'est ce que rien n'apprend.

En vertu d'une ordonnance de M. le président du tribunal, ce testament fut déposé en l'étude d'un notaire. M. Duthilloeul, en qualité d'exécuteur testamentaire, et M. de Montozon au nom de la commune de Lallaing, s'empressèrent de faire opposition à l'exécution de ce testament, prétendant qu'il n'émanait pas de Mme Scalfort.

12. — Par ordonnance royale de ce jour, M. Buffin, juge d'instruction au tribunal de Dunkerque, est nommé conseiller à la Cour royale de Douai, en remplacement de M. Vigneron, admis à faire valoir ses droits à la retraite.

14. — Contributions personnelle, mobilière et des patentes de l'année 1842.—Les rôles s'élèvent, savoir:

	fr.	c.
Principal des contributions. . .	90,081	90
Centimes généraux.	21,787	47
Centimes départementaux. . .	10,771	63
Centimes communaux. . . .	2,213	83
Frais de perc. des dép. communal.	66	41
Réimpositions.	442	75
Frais d'avertissemens. . . .	126	50
TOTAL. . . .	125,490	49

— Vers six heures et demie du matin, le tocsin du beffroi signala un incendie. Un magasin de marchand de bois, situé rue Saint-Benoît, était la proie des flammes. Des secours furent portés par le collège anglais et par les pompiers, qui arrêtèrent les ravages du feu.

— Deux détenus pour fraude trouvent le moyen de s'évader, le soir, de la prison St-Vaast. Il existe dans la cour de la prison une bouche d'égout par laquelle il est possible d'arriver à un égout principal qui se déverse dans la Scarpe. Pendant la prière, à ce que l'on présume, ces deux détenus ont levé la pierre de leur égout, se sont glissés dans l'égout principal; et, parvenus vers la grille qui précède le déversoir, ils ont soulevé au-dessus d'eux les pierres d'un orifice en assez mauvais état et qui leur a permis de s'échapper. On n'a pu les retrouver.

16. — Un ouvrier plafonneur de la commune d'E-querchin traversait la ville vers le soir dans un état d'ivresse. Arrivé près du pont du Marché-au-Poisson, il fut remarqué par quelques habitans de ce quartier qui, rentrés chez eux, entendirent tout à coup la chute d'un corps pesant dans la Scarpe ; c'était celle de ce malheureux ouvrier; était-elle volontaire ou acciden-telle ? On ne saurait trop le dire. Vainement l'intrépide Quéter, qui demeure près de là, se mit-il promptement à sa recherche dans les eaux du canal. Le cadavre était déjà emporté loin ; on ne le retrouva pas le soir.

24. — M. Quiquempois, doyen d'Arleux, est nommé doyen de première classe.

1er mars. — Lettre pastorale de Mgr. Giraud, arche-vêque de Cambrai, à l'occasion de la prise de possession de son siége métropolitain.

2. — A quatre heures du soir, une salve d'artillerie retentissait du haut des remparts de notre ville et an-nonçait l'entrée de Mgr. l'archevêque de Cambrai dans nos murs.

Mgr. Giraud descendit à l'hôtel de la poste aux che-vaux, où le clergé, les autorités civiles et militaires s'étaient réunis, pour de là l'accompagner jusqu'à l'é-glise St.-Pierre, où un trône improvisé avait été disposé pour recevoir Sa Grandeur.

Le prélat, revêtu de ses habits pontificaux, remar-quables par leur magnificence, s'est placé sous un dais porté par les frères de la doctrine chrétienne, et s'est ensuite avancé processionnellement, précédé du clergé de toutes les paroisses réunies, vers l'église St.-Pierre.

Malgré un vent violent et une pluie continue, une affluence considérable de peuple, l'école crhrétienne des frères, le collége royal et les diverses institutions de la ville, ont salué Mgr. Giraud à son passage.

A son entrée dans notre vaste et belle collégiale, Mgr. fut harangué par M. le doyen en ces termes :

« Monseigneur, les membres des conseils des trois

paroisses de cette ville viennent présenter à Votre Grandeur leur respect et leurs hommages. — Lorsque les fidèles apprirent votre nomination à l'archevêché de Cambrai, Monseigneur, ils se reportèrent par une heureuse prévision, vers l'un de vos prédécesseurs, l'immortel Fénélon, et cette pensée, Monseigneur, était un premier hommage qu'ils rendaient à vos lumières et à vos hautes vertus »

Conduite processionnellement à l'autel, Sa G. s'y agenouilla, et après une courte prière, monta en chaire : *Pax vobis !* tels furent les premiers mots que fit entendre la voix du pasteur, et cette paix qu'il nous apportait, nous dit-il, comme un présent du ciel, fut le sujet d'un éloquent discours qui captiva sans interruption l'intérêt le plus vif de tous ceux qui eurent le bonheur de l'entendre.

Mgr. l'archevêque de Cambrai quitta Douai le 6, pour se rendre à Lille.

3. — On vit paraître au-dessus de l'eau, dans la Scarpe, près d'un moulin occupé par M. Carton, un cadavre revêtu de l'habit d'uniforme. Retiré aussitôt de la rivière, il fut bientôt reconnu pour un militaire du 2e régiment d'artillerie, qui depuis un mois n'avait pas répondu à l'appel de son régiment. On assura qu'il avait la figure meurtrie et avait reçu dans l'abdomen un coup de sabre.

4. — Le sieur A. R..., boucher, âgé de 24 ans, se donne la mort en se coupant le cou avec un rasoir.

25. — Une ordonnance royale autorise M. Prosper Chartier à établir dans sa propriété sise au Frais-Marais, comune de Douai, deux fours de verreries propres à la fabrication des verres et des bouteilles.

29. — La Cour d'assises séant à Douai, condamne ledit jour le gendarme Dujardin à vingt ans de travaux forcés sans exposition, comme convaincu d'assassinat sur la personne de son amante.

1er *avril.* — M. le général de Warenghien (Adrien-Lamoral-Jean-Marie), l'une des notabilités de notre ville, meurt à Paris après une courte maladie. Ce général se distingua à l'armée d'Italie et d'Allemagne, et particulièrement à Friedland. Il fit les campagnes d'Espagne, comme aide-de-camp du général Dupont, dont il partagea momentanément la disgrâce. Pendant la campagne d'Autriche nous le retrouvons à la tête d'un bataillon du 112ᵉ de ligne, à la bataille de Raab, à Engersdoff, au passage du Danube ; le lendemain à Wagram, où de 600 hommes environ dont le bataillon de M. de Warenghien était composé le matin, il ne ramena que 25 hommes et le drapeau. Nommé maréchal-de-camp pendant les cent jours, il ne fut pas maintenu dans ce grade après le jour néfaste de Waterloo. C'est en 1823 qu'il fut de nouveau promu au grade de maréchal-de-camp. M. de Warenghien, né en 1778, était fils de M. de Warenghien qui a été premier président à la Cour royale de Douai. Ses restes mortels ont été transportés de Paris à Wavrechain-sous-Faulx.

13. — Le sieur Dutert fait signifier qu'il se désiste de sa demande formée contre la commune de Lallaing. (V. 9 février.)

17. — Séance de récréations mathématiques du jeune et célèbre pâtre de la Touraine, Henri Mondeux.

1ᵉʳ mai. — M. Oscar Becquet de Mégille est reconnu en qualité de capitaine de la 1ʳᵉ compagnie de voltigeurs de la garde nationale.

7. — M. Vanhedeghem, de Douai, officier comptable des hôpitaux militaires à Toulon, est nommé chevalier de la Légion-d'Honneur.

17. — A cette date, nous lisons le fait suivant dans l'*Emancipateur de Cambrai* : « Nous apprenons, grâce à un des compagnons de route de M. Aimé Laloux, par quel trait de dévouement ce jeune homme, fils d'un des avocats les plus distingués du barreau de Douai, s'est trouvé sur le point de périr dans la catastrophe du chemin de fer de Versailles (rive gauche).

» Au moment de la commotion, le wagon où il se trouvait ayant été à demi-brisé, lui et ses compagnons, mirent la tête dehors pour voir ce qui se passait. En apercevant devant eux un monceau de débris, ils s'é lancèrent tous hors du waggon, qu'un jeune cambrésien,

M. Charles Flayelle, du Cateau, acheva de briser à
coups de pieds. Mais une malheureuse femme, devenue
folle de frayeur, a refusé obstinément de sortir du waggon. Quand ils eurent fait une vingtaine de pas, voyant
que le feu dévorait les débris amoncelés, M. Aimé Laloux voulut retourner, malgré le danger, pour arracher
la malheureuse femme à une mort certaine.

» L'infortunée ne voulait pas sortir et répondait par
des injures aux supplications et aux efforts de M. Laloux pour l'arracher aux flammes qui l'environnaient.
Enfin il parvint à l'en arracher malgré elle et à la mettre hors de danger. A peine M. Aimé Laloux était-il
sorti, que, comme nous l'avons dit, son waggon dispa-
raissait dans les flammes.

19. — Publication d'une *Bibliographie douaisienne,
ou catalogue historique et raisonné des livres imprimés à
Douai depuis l'année 1563 jusqu'à nos jours, avec des
notes bibliographiques et littéraires*, par M. R. Duthillœul.

— M. Sénéca, avocat-général à la Cour royale de
Douai, passe en la même qualité à la Cour d'Orléans.
Il est remplacé à Douai par M. Rabou, avocat-général
à Orléans.

25. — M. Taffin-Mellez, membre du conseil municipal, meurt à l'âge de 77 ans. M. Taffin était encore
l'un des administrateurs de la riche compagnie char-
bonnière d'Anzin. Sa fortune, considérable, provenait
des bénéfices réalisés dans ces mines, dont son père,
Pierre Taffin, obtint l'exploitation par privilége avec
Jacques Desandroin. Desaubois et ses associés avaient
abandonné leur entreprise; Pierre Desandroin-Des-
noelles se rendit adjudicataire de tout ce qui servait à
l'exploitation, et leur fut subrogé par arrêt de 1722.

M. Taffin-Mellez jouissait, parmi nous, d'une belle
réputation d'homme bienfaisant et généreux.

30. — Une adjudication des boues de la ville de
Douai a lieu ledit jour, à midi. Le prix en est porté,
cette fois, à 6,660 francs.

9. — La fête de Douai est remise au dimanche 17
juillet, à cause des élections.

11. — M. Moisin, médecin-inspecteur du 1ᵉʳ arrondissement d'inspection médicale, visite les hôpitaux, les prisons. les manutentions et autres établissemens militaires de la place de Douai.

20. — Une foule de curieux se porte à deux heures sur la grand'Place, pour voir des diligences à six roues.

11 *juillet*. — M. Martin (du Nord), ministre de la justice, est proclamé député de Douai (extrà-muros.) Il n'avait pas de concurrent. — M. de Montozon est réélu député par le 4ᵉ collége du Nord. Son concurrent était M. Choque.

— M. Piéron, conseiller à la Cour royale de Douai, est réélu député de l'arrondissement de St.-Pol (Pasde Calais).

14. — On apprend à Douai la mort de Mgr. le duc d'Orléans. A ce sujet, les mandataires de la ville de Douai s'assemblent pour délibérer sur la question relative à la fête communale. Le conseil décide que la fête aura lieu au jour indiqué par des motifs d'intérêt local. Après la délibération, arriva la proclamation suivante :

« Le conseiller-d'état, préfet du Nord, officier de l'ordre royal de la Légion-d'Honneur et de l'ordre de Léopold,

» Aux habitans du département,

» La France sera frappée de consternation en apprenant la perte immense qu'elle vient de faire. Le cœur du roi a reçu le coup cruel qui put l'atteindre.

» Monseigneur le duc d'Orléans , emporté par ses chevaux, a fait une violente chute de voiture à laquelle il n'a pas survécu.

» Son Altesse royale a cessé de vivre hier à quatre heures.

» Que nos vœux adressent au roi les regrets dont nous sommes pénétrés, et les consolations que nous lui devons.

» Que nos voix unanimes déposent aux pieds du trône, avec l'expression de notre douleur, le témoignage profond de notre amour et de notre dévouement.

» Serrons-nous autour du roi et de la famille royale

pour donner à la France, par notre union, de nouveaux gages de sécurité. »

15. — Arrêté du préfet du Nord ainsi conçu :

Considérant que la France est en deuil ; Arrêtons :

Art. 1er. Que la fête communale de Douai est ajournée. L'époque de sa célébration sera ultérieurement fixée.

Art. 2. M. le sous-préfet de l'arrondissement est chargé de l'exécution du présent arrêté.

25. — Un service funèbre est célébré en l'église St.-Pierre, à l'occasion de la mort du duc d'Orléans. Le clergé des trois paroisses de Douai, la Cour royale, le tribunal de première instance, les fonctionnaires publics et une partie de la garde nationale, assistaient à cette cérémonie.

— Conseil d'arrondissement de Douai. — Séance du 25 juillet 1842.

AGENS-VOYERS. — Le rapport de MM. Dislère et Thurin, agens-voyers de l'arrondissement, est déposé sur le bureau par M. le sous-préfet.

Le conseil, satisfait du zèle et du dévouement avec lesquels ces agens-voyers remplissent leurs modestes fonctions, décide à l'unanimité qu'une mention honorable de ces messieurs sera faite au procès-verbal.

CARTE DE L'ARRONDISSEMENT DE DOUAI. — Le conseil, sous les yeux duquel on met la carte de l'arrondissement, que MM. Dislère et Thurin, agens-voyers, ont exécutée d'après la mission qui leur a été confiée, émet le vœu que le conseil-général leur accorde la prime de 800 fr. qu'il a votée pour l'exécution de cette carte.

30. — M. Vanvincq, conseiller à la Cour royale de Douai, est nommé conseiller à la Cour royale de Rouen.

— Service funèbre en l'église St.-Pierre, en mémoire des victimes de juillet 1830.

7 août. — La fête communale de Douai, ajournée à cause de la mort de S. A. R. Mgr. le duc d'Orléans, est célébrée le dimanche 7 août et jours suivans.

Le dimanche, la société de *Musique Sacrée* exécute, dans l'église de Notre-Dame, la deuxième messe solennelle de M. A. Thomassin. Cette messe a été composée pour l'église de St-Roch de Paris, où elle a été cha: ⹀⹀ pour la première fois le 15 août 1837. (V. 15 août 1837).

Il y eut des jeux d'arc, le tir à l'arbalète et à la flé- chette, les jeux de balle, la cible chinoise et la cible horizontale; exercices gymnastiques et ascensions aé- rostatiques au Barlet; concert Musard et bals champê- tres au Jardin-Royal; concert vocal et instrumental donné par la Société philharmonique dans la salle de spectacles; grand concert, où on entendit Mlle Méquil- let, MM. Hermant, Espinasse et Dorval; jeux sur l'eau dans le bassin des dominicains. Enfin, le mercredi 10, à trois heures après midi, la troisieme fête historique, ayant pour objet la GLOIRE DE PHILIPPE-LE-BON, duc de Bourgogne et comte de Flandre.

Cette fête, favorisée par le plus beau temps et rendue aussi attrayante que possible par sa fête historique, n'a pas attiré autant d'étrangers que les autres années. Un accident affreux arriva pendant les premiers jours. L'un de ceux qui concouraient pour les prix offerts par la ville aux mâts sur l'eau, commit l'imprudence de vou- loir se tenir debout et marcher au lieu de se tenir à cheval sur le mât. Les commissaires du jeu lui avaient vainement défendu de s'exposer ainsi, et cette bravade lui coûta la vie. Perdant l'équilibre, il tomba sur une pièce de bois, et ensuite dans le canal. Il s'était blessé au front dans sa chute, et une congestion cérébrale l'avait frappé de mort. Ce malheureux était père de famille.

17. — Mort de M. Mollier, ancien capitaine au 19e de ligne, lieutenant-colonel de la garde nationale de Douai.

20. — Me Paillet, avocat, ancien bâtonnier du barreau de Paris, et défenseur dans la cause célèbre de Mme La- farge, plaide ce jour devant la 2e chambre civile de la Cour royale de Douai.

— Les chambres de la Cour royale de Douai, pen- dant l'année judiciaire 1842-43, sont composées comme il suit :

Première chambre civile. — Premier président, M. Colin; président, M. Leroux de Bretagne; conseillers,

MM. Lefebvre de Troismarquet, Gavelle, Maurice,
Tailliar, de Warenghien, Vanderwallen, Souquet;
conseiller-auditeur, M. Grimbert.

Deuxième chambre civile. — Président, M. Petit;
conseillers, MM. Dubrulle, Durand-d'Elcourt, Piéron,
Bigant, Leroy, Benoist, Pillot, Cahier; conseiller-auditeur, M. Maniez.

Chambre des mises en accusation. — Président, M.
Cosse de Gorre; conseillers, MM. Enlart de Guémy,
Lenglet, Francoville, Minart, Buffin, Binet; conseiller-
auditeur, M. Cotteau.

21. — *Plantation d'un calvaire à Lambres.* — La nef
de l'église, décorée d'emblêmes, de trophées et d'inscriptions analogues à la Passion, offrait à l'œil un éclat
fort remarquable. Au milieu du chœur s'élevait un ca-
tafalque, sous lequel était placé le Christ; les quatre
rideaux qui ornaient le dais étaient de couleur pour-
pre. A l'entrée de l'église se lisait cette devise des soli-
taires des environs de Grenoble (les chartreux) :

Stat crux dum volvitur arbis.
Rien n'est stable ici-bas, la croix seule demeure.

Après les vêpres célébrées par M. Semaille, doyen de
St.-Pierre, la procession est sortie de l'église. A la tête
marchaient les élèves de l'institution de Mme de Saint-
Auban. Suivaient la musique des pompiers de Douai,
dirigée par M. Fremy; les jeunes filles de la paroisse
et celles de plusieurs villages circonvoisins, portant en
main un signe de la Rédemption et répandant des fleurs.
Les antiques bannières formaient une ligne élevée au
milieu de la marche; une haie de prêtres s'avançait des
deux côtés; puis venaient quatre vieillards en cheveux
blancs escortant le Christ porté par quatre jeunes hommes. Ce mélange de bannières, d'oriflammes, de chants
sacrés et des instrumens militaires, donnaient à cette
auguste réunion l'empreinte du véritable caractère
religieux. Il semblait qu'une sanction nouvelle vint
ajouter aux anciens sentimens; bien des cœurs ont
palpité à la vue de ces témoignages rendus à la religion.

26. — M. Bois, premier adjoint de la municipalité de

Douai, et remplissant les fonctions de maire de cette ville, envoie sa démission à l'autorité supérieure.

29.—Passage à Douai de Mgr. le duc de Nemours.

7 septembre — Accident malheureux au faubourg de Lile. — M. Lemâle, libraire à Douai, qui venait de faire ferrer son cheval, tentait de le monter ; au moment où il allait l'enfourcher, l'animal se mit à ruer et jeta son cavalier par terre. Tombé sur la tête, M. Lemâle se fit une grave blessure. Déposé d'abord chez M. Caby, aubergiste, il fut ensuite transporté en ville à son domicile, où il succomba à la gravité de ses blessures.

13. — La veuve de l'infortuné Lesurque meurt à Paris, dans sa 80e année. Ajoutons quelques mots sur cette femme intéressante, dont l'existence semble avoir été voué au malheur. On sait comment son mari a été conduit à l'échafaud, victime de la plus déplorable des erreurs judiciaires. Restée veuve avec trois enfans, elle perdit plus tard son fils, qui, espérant se faire remarquer par une action d'éclat, et par là obtenir la réhabilitation de son père, quitta, dès l'âge de 16 ans, les volontaires de la marine, et partit pour la funeste campagne de Russie : il n'en revint pas et disparut dans la retraite de Moscou.

Après trente ans de démarches stériles, elle obtint du ministère une ordonnance qui lui rendit une portion de sa fortune, indûment confisquée, et dont une partie avait été affectée au domaine de la Légion-d'Honneur. Elle ne se rebuta pas, et présenta de nouveau de réhabilitation à la Chambre de 1837. Elle fut rejetée.

16.—Un enfant âgé de quatre ans, qui s'était échappé de sa maison, située non loin du rempart, parvint à grimper sur les parapets. Poussé de plus en plus par son imprudente curiosité, il arriva sur la crête et tomba dans les fortifications, d'une hauteur de plus de trente pieds, sur la tête, et n'avait aucun membre fracturé, aucune blessure apparente, quoiqu'il parût souffrir. Reporté chez ses parens, son état de maladie offrait deux jours après des symptômes alarmans.

— M. Camaret est nommé recteur de l'Académie de

Douai, en remplacement de M. Gratet-Duplessis, démissionnaire.

19.—Le conseil-général, dans sa séance de ce jour, accorde une somme de 15,000 fr. pour aider à reconstruire le collége royal de Douai.

22. — On trouve dans le procès-verbal officiel de la séance du conseil-général dudit jour la décision suivante, qui intéresse particulièrement la ville de Douai:

« Un membre du 3ᵉ bureau fait un rapport sur la demande du conseil d'arrondissement, tendant à faire décider que le chemin de fer de Paris à Lille entrera dans la ville de Douai, et que la station sera établie sur la place St Jacques.

» Le rapporteur fait connaître que, suivant l'exposé de M. le préfet, rien ne peut être préjugé sur ce point; mais que la réclamation du conseil d'arrondissement sera examinée avec soin par les ingénieurs.

» Douai devant être le point de jonction des deux lignes qui se dirigeront sur Lille et Valenciennes, l'intérêt des voyageurs, celui du commerce, celui même de l'état, qui possède à Douai un vaste arsenal, exigent que la station soit placée près du centre, et la place St-Jacques se trouve dans cette condition. Le bureau propose, en conséquence, au conseil-général de recommander le vœu du conseil de l'arrondissement de Douai à l'examen attentif de l'autorité compétente. » Ces conclusions sont adoptées.

23. — Le conseil-général, statuant sur la question d'établissement d'une école préparatoire de médecine à Douai, ajourne à l'année suivante la solution de cette question.

26. — Mort de M. Ganil, aumônier de l'hospice-général de Douai. Il était âgé de 91 ans.

29. — M. Duthoit, vicaire au Quesnoy, succède à M. Ganil en qualité d'aumônier à l'hôpital-général.

1ᵉʳ octobre. — M. Desjardins, curé de Boussières, est nommé directeur du Béguinage à Douai.

— M. Reytier, vicaire à Sin, est nommé curé de Guesnain.

3. — M. Gronnier, conseiller municipal remplissant les fonctions de maire, passe en revue les détachemens de l'artillerie et des pompiers de la garde nationale de Douai, qui doivent assister en armes à la revue et à la pose du monument commémoratif du siége de Lille. (8 octobre)

— Une ordonnance du roi déclare d'utilité publique les travaux projetés pour le redressement du coude de la Scarpe en aval de Brebières.

4. — M. Didier, élève sortant de l'école normale, agrégé des classes supérieures, est chargé de la chaire de rhétorique au collége de Douai, en remplacement de M. Benoît, appelé à d'autres fonctions.

8. — A la fête anniversaire du bombardement de Lille, l'artillerie de Douai présenta un corps de plus de cent hommes, musique en tête, et portant un superbe étendart sur lequel on lisait d'un côté :

A LA MÉMOIRE DES BRAVES CANONNIERS

QUI ONT DÉFENDU LA PLACE DE LILLE

EN 1792.

Et de l'autre :

HOMMAGE DES ARTILLEURS

DE LA GARDE NATIONALE DE DOUAI

AUX ARTILLEURS DE LA GARDE NATIONALE DE LILLE.

8 OCTOBRE 1842.

Venait ensuite le beau détachement de sapeurs-pompiers de la garde nationale de la ville de Douai, au nombre de 134, commandé par M. le capitaine Malet.

10. — M. le sous-préfet de Douai et M. le conseiller municipal remplissant les fonctions de maire, accompagnés de la musique de la garde nationale, se portent au-devant des détachemens de l'artillerie et des sapeurs-pompiers qui s'étaient rendus à la fête anniversaire du bombardement de Lille. M. Poisson les félicite d'avoir si bien rempli leur mission.

24. — M. Giroud, instituteur de l'école primaire supérieure de Douai, est nommé directeur de l'école normale primaire de la même ville.

31. — *Publication de la Table des Archives de la mairie de Douai*, ouvrage dû aux recherches assidues de M. Pilate-Prevost.

1er *novembre*. — M. Gustave Lambrect, de Douai, substitut du procureur du roi à St.-Omer, meurt à Rome à l'âge de 28 ans.

4. — M. Enlart de Guémy, conseiller à la Cour royale de Douai, donne sa démission.

10. — On a parlé (V. 9 février), d'un procès civil qui s'était engagé entre la commune de Lallaing et un sieur Dutert, à l'occasion de la succession de Mme Scalfort. La commune et Dutert se disputaient cette succession, chacun un testament à la main. Toutefois, Dutert s'était désisté de ses prétentions, et l'affaire paraissait totalement terminée. Il n'en fut pas ainsi. L'affaire passa à l'état criminel. Le ministère public crut devoir informer contre Dutert. Arrêté à Senlis, ce malheureux prétendant au domaine de la baronne, fut ramené à Douai et écroué à la prison St.-Vaast. Ledit jour donc, ce procès vint se dénouer devant la Cour d'assises. Me Laloux, avocat, s'attache à démontrer que Dutert n'a pu ni fabriquer le testament ni le faire fabriquer par autrui, et que s'il en a fait usage, c'était sans savoir qu'il fût faux, quand il serait vrai qu'il le fût, ce qui n'est aucunement établi. Après une courte délibération du jury, Dutert est déclaré non coupable et acquitté.

15. — M. Grimbert, conseiller-auditeur, est nommé conseiller près la Cour royale de Douai, en remplacement de M. Enlart de Guémy, démissionnaire.

— Le conseil de guerre séant à Lille, condamne l'artilleur Lesauvage à la peine de mort, et Dalié, son complice, à deux ans de fer et à la dégradation.

Ces canonniers étaient accusés d'avoir porté des coups de sabre à un citoyen paisible, et sans aucune provocation de sa part, dans une des rues de Douai.

19. — *Le Salon Douaisien*, journal de la littérature, des sciences et des arts de la Flandre française, tel est le titre d'un journal annoncé ce jour par la *Feuille de Douai.*

21. — M. Pellieux, pour se conformer aux vœux de

la loi, accepte les fonctions de maire provisoire.

28. —M. de Montozon est réélu membre du conseil-général des cantons de Douai-nord et Marchiennes.

— Ignace Queter reçoit une médaille de bronze sur laquelle on lit l'inscription suivante :

ACADÉMIE FRANÇAISE.
MÉDAILLE
MONTYON.
IGNACE
QUETER
ACTES DE VERTU.
1842.

8 *décembre.* — Publication des *Souvenirs à l'usage des habitans de Douai, ou notes pour faire suite à l'ouvrage de M. Plouvain, sur l'histoire de cette ville, depuis le 1er janvier 1822, jusqu'au 30 novembre 1842.* — Imprimerie de M. D. Ceret-Carpentier.

ERRATA.

Page 43 , ligne 3ᵉ : Furent généralement appréciés, lisez *appréciées.*

Page 43 , ligne 11 : Par M. Chenuou, lisez *Chenou.*

Page 91 , ligne 9 : Cette officier, lisez *cet officier.*

www.ingramcontent.com/pod-product-compliance
Lightning Source LLC
Chambersburg PA
CBHW071952090426
42740CB00011B/1916